悩める売主を救う

不動産エージェントという選択

大西倫加
ONISHI NORIKA
長嶋 修
NAGASHIMA OSAMU

幻冬舎MC

はじめに

不動産の売却を仲介業者に依頼したにもかかわらず、買い手が見つからず物件がなかなか売れないという悩みをもつ方は少なくありません。売れない理由をいくら担当者に尋ねても、「いろいろと広告・宣伝を打ってはいるのですが反響がなく……」と煮え切らない返事をされるばかりです。しかし、いざ蓋を開けてみると、実は仲介業者が売主のあずかり知らぬところで自分たちの利益を重視し、恣意的に物件情報の流れを操作していたという話は珍しくありません。具体的にいうと、例えば他社から「内見希望者がいる」という問い合わせがあったとしても「実はもう他の方と売買取引することが決まっているので」と、平然と嘘をついて問い合わせを断るのです。

なぜこのような行為に及ぶかというと、自分たちの利益を重視する不動産会社は売主からの手数料だけでなく買主からの手数料も稼ぎたいため、自分たちで買主を見つけたいという狙いがあります。そのため売主にとってプラスになる話が舞い込んできても双方から手数料が得られない場合は、その話を断るのです。

信じられないような話かもしれませんが、こういった商慣習が当たり前のように横行しているため理想の不動産売却をできずに悩んでいる方たちがいるのです。この他にも、希望価格では買主が見つからず不動産会社から値下げを提案されている方や、すぐにでも売却したいのに業者が全然動いてくれないと不満を抱く方もいます。これらの場合は、もし売却することができても買主が見つかるまでのプロセスや販売価格が決定した経緯について十分納得することができずに、売却後に「ベストな売却ではなかった」と後悔する結末を迎えかねません。

私たちはそうした不動産業界の不透明性や業者側の利益を重視する姿勢に一石を投じ、売主が後悔しない不動産売却を実現する「不動産エージェント」として日々サポートを行っています。不動産エージェントとは売主とパートナーシップを組んで売主の利益を最大化できるように売却までの支援を行うプロフェッショナルです。

これまで手掛けてきた案件のなかには、築古で「価値がない」と他の不動産業者にいい切られてしまった物件に建物検査の専門家を派遣し、確固たるエビデンスのもと適正価値を引き出して希望以上の価格で売却を実現した例もありました。さらに私たちは「果たして本当に、今売るべきなのか」というスタート地点から一緒に考え、徹底的なヒアリングのもとプロとしての経験と知識を踏まえた総合的な判断から「今は売らないほうがいい」という結論に至ることもあります。悩んでいる売主のメリットをとことん考え抜いているからこそ、業界から見れば「常識外れ」と思われるようなアイデアも躊躇なく提案できるのです。

本書では、「情報のスペシャリスト」、「常識破りの知性派」、「徹底した現場主義」など、それぞれに強みをもつ４人の不動産エージェントの売却成功ストーリーをまとめており、内容は実際の事例に基づいたものです。この一冊を通じて不動産エージェントとは何者で、どのような姿勢で売主のサポートを行っているのかを一人でも多くの読者に知ってもらい、後悔のない不動産売却を実現するための選択肢となれば、著者としてこれ以上の喜びはありません。

悩める売主を救う　不動産エージェントという選択　目次

[PART 2] 売主が絶対に後悔しないために――。
4人のエージェントによる不動産売却の成功ストーリー

Chapter 2

常識破りの知性派／山本 直彌

ほかの業者からは「値段が付かない」と言われた……
徹底的な物件調査で掘り起こした築古物件の価値　78

Chapter 3

【PART 3】不動産エージェントがこれからの不動産仲介を変える

[PART 1]

売主の幸せを追求する「不動産エージェント」とは

不動産が思うように売れず悩む売主たち

不動産需要は年々増す一方のいわば売り手市場ともいえ、売却を検討している不動産所有者にとってはこれ以上ない売却機会となっています。国土交通省が公表している不動産価格指数（令和４年３月版）によれば、２０１０年以降の不動産価格はほぼ右肩上がりで推移しています。２０１０年を基準とすると戸建て住宅はおよそ１・１倍、マンションに至っては１・８倍に迫る勢いです。土地建物を探している方の多くが「もっと前に買っておけばよかった」と後悔するほどの、異常な需要過多を築いているのが現在の不動産取引市場です。

それにもかかわらず、「不動産屋に売却依頼したのに、まったく売れる気配がない」「買い手候補から申し込みがなく、内見にも来てくれない」と嘆いている売主もあとを絶たないのが不動産業界の実状となっています。売主が不動産を売却したい主な理由として「現金化して別のことに使いたい」が挙げられます。とくにライフステージの変化に伴う住み替え目的の売却が多く、住み替え先や新しい生活のための準備にお金が必要なため、できるだけ早くなおかつ高く売りたい意向です。不動産が売却できないことには新しい生活がスタートできず、日々焦る気持ちが募っていくのも無理のない話です。

「これから子どもたちも大きくなるし、広い家に住み替えたいから、今持っている家を売ろう」と売却を決めたある売主がいたとします。売主は希望の条件を満たした住み替え先を買うため、現在所有している不動産をできるだけ高値で売りたいと考えていて、市場も味方をしているので、当初はすぐに買い手がつくだろうという腹積もりでした。

しかし依頼した不動産仲介会社からあがってくる報告は「内見申し込みが来ない」「値下げを要求される」といったネガティブなものばかりです。この段階で売主は焦燥感を抱くようになりました。住み替えですから売却にはタイムリミットがあり、購入希望者が出てくるまで気長に待っている時間はありません。

まだ買い手がつかないのかと痺れを切らしたところ、仲介担当者から値下げの提案を受けました。理由を聞くと、この価格は相場より少し高く、中古物件でリフォームが入っていないのも買い手を遠ざけているかもしれないということでした。さらに個人の購入者ではなく、買取業者に声をかけてみてはどうだろうかと言われたのです。買取業者とはリフォームして再販売することを事業としている不動産関連会社です。

値下げは不本意ではあるものの、さっさと売って現金化したい気持ちも強く、売主は不動産売却のジレンマに陥りました。迷う売主に対して、仲介担当者は次のような切り口で背中を押しました。

仲介担当者が見せてきた過去の類似物件の取引事例では、確かに売主の売却希望価格よりも安値で売買されていました。結局、売主は実際の相場がそうなら仕方がない、不動産のプロが言うことだし正しいのだろうと自分を納得させ値下げを決めました。値下げをした途端、すぐに買い手が決まり売買取引が成立しました。

無事に売れてよかったと仲介担当者はいいますが、売主としてはもう少し粘れば希望の価格で売れたのではないかと心にしこりを残したまま物件の引き渡しを終えるのでした。

そして不本意な値下げによる売却の先で売主に何が待っているかというと、住み替え先のダウングレードです。希望価格での売却を見越したうえでの住み替え先購入でしたから、予算を見直す必要が出てきました。予算の減少に伴い、間取りや立地面での妥協は避けられません。

悩んだ末、子どもの成長を考えたら家の広さは絶対に変えたくない、と購入エリアの妥協を決めました。勤務地から遠い、駅からもやや距離のある物件を購入したのでした。描いていた理想図とはまったく違った住環境での生活がスタートします。しかもアクセスの悪い場所に越してしまったために、通勤や買い物で何かと不便を感じる生活となってしまいました。

前の家が思っていた金額で売れなかったのだから仕方ないと自分に言い聞かせるのですが、一方でもっと違う結末があったのではないかとも感じ、売却時に焦って値下げを決めたことを後悔する売主なのでした。

あくまで一例ですが、このように売却時に希望した額で売ることが叶わず、その後の人生プランが狂ってしまう売主は決して少なくありません。当初の希望価格で売れたかどうかは神のみぞ知るところではありますが、売主はずっと、こんなはずではなかったという後悔の念を抱きながら暮らしていくことになってしまいます。

買主優先主義の不動産業界

市場は需要過多であり売主側にとって追い風でありながら、不動産がなかなか売れずに悩む売主が存在し、挙句には希望以下の価格で売る結末を招くことになる理由の一つに、不動産業界の契約形態があります。

不動産を売ると決めたら、まず売主はどこかしらの不動産仲介事業に携わる会社と媒介契約を結び、不動産の売却を依頼することになります。媒介契約は主に専属専任媒介契約・専任媒介契約で、契約先の不動産会社に売却を一存することになります。基本は契約先以外での販売は認められません。

この時点で売主は契約に縛られる存在となります。不動産がなかなか売れないからといって、依頼先との契約を一方的に切ることはできません。契約期間は最長3カ月まで定めることができ、期間中に契約解除を希望しても契約内容によっては違約金などが発生する場合があります。

ある地元の不動産仲介会社に売却を依頼した売主は、仲介担当者にやる気を感じられず、すぐさま契約を解除しようと要請しました。しかし契約先から、販売のためにチラシを作成したのでその分の費用を負担してほしいと言われてしまいました。そんなことは聞いていないと反論しても契約書に明記していると指摘されてしまえば、もう反論の余地はありません。売主から契約解除を申し出た場合、販売活動として使った広告費や交通費は売主が負担する、と契約書に明記されているケースがあります。

不動産仲介会社の視点で見れば、売主と媒介契約を結んだ時点で、あずかった不動産は仲介担当者の裁量で売却プロセスを決めることができます。もちろん、買い手が少しでも早く見つかるよう熱心に販売活動する担当者もいるでしょうし、後回しにして別の売主からあずかっている不動産を優先するかもしれません。契約した以上、売主に逃げられることはないので、マイペースで販売活動が行えるわけです。

もしやる気のない担当者に当たってしまったら、いつまで経っても買い手がつかないことにもなってしまいます。しかし、報告では積極的な販売活動を行ってはいると真っ当なことを言うので、売主は売れない本当の理由に気づけないまま、販売を任せた以上はじっと待つしかないなと我慢し続けることになります。

極端な表現をするなら、媒介契約を交わした時点で、不動産仲介会社は売主を鎖につないだも同然の関係を築けているのです。しかし買主は不動産仲介会社にとってそのような関係ではありません。間取りに満足できても価格が気に入らなければ、買主は他の不動産仲介会社へと離れて行ってしまいます。売り出し中の不動産にせっかく興味をもってやって来た買い手候補を、みすみす逃したくはありません。したがって多くの仲介担当者は買い手候補の味方につきます。

買い手候補から値下げ交渉があったとき、売主はこれ以上の値下げは考えていない、といったスタンスで仲介担当者は強気に対抗することができないのです。買い手サイドの要求になびいて、物件を気に入った客がいるが、値下げ交渉があったと売主に相談する方法を選ぶわけです。

売主は心理的に早く売って負担を軽くしたいという焦りの気持ちもあり、値下げの交渉に心が揺れます。さらにここでとどめを刺す一言が仲介担当者から発せられるのです。

「過去の事例を見ても、この値下げ価格くらいが妥当かもしれません」

この台詞は先ほどの住み替えをしたい売主の例でも登場しました。過去の事実を提示されると、売主もつい仕方ないと希望価格で売ることを諦めがちです。

しかしこの過去の事例ほど怪しいものはありません。捏造とまではいいませんが、売主を説得するのに都合のいい取引事例だけ抜粋して紹介していることが考えられます。

こうして売主は不動産仲介会社に丸め込まれ、売却できない焦燥感から解放されたいがため、渋々値下げ要求を受け入れることになります。このような売主弱者の関係、買主優先主義が続く限り、希望価格で売れずに悩む売主が減ることはないのです。

両手取引で2倍稼ぎたい不動産屋

しかし、ここで一つの疑問が湧いてきます。不動産仲介会社は売買取引した不動産価格に応じた割合の手数料を受け取っているシステムのはずです。そうであれば販売を任された担当者にとっても値下げ交渉は歓迎できないし、できるだけ高値で売ろうと努力するのではないかということです。

残念ながらこのような想像は売主が抱く幻想です。不動産仲介会社にとって、売主からあずかった不動産をなるべく高く売ることは、必ずしも自社の利益につながるとは限らないのです。

売主は依頼した不動産仲介会社との間にある認識のずれや、利害関係の不一致を理解すべきです。すなわち不動産の売却というゴールは同じでも、取引成立までのプロセスやスピードにおいては、両者の見解に大きな差異があります。

ここからは売主と不動産仲介会社との間に起こっているこの認識のずれをより具体化するとともに、不動産業界に深く根付いてしまっている、売主の利益を無視した悪しき商慣習を明らかにしていきます。不動産取引の商慣習として問題視されているのが、両手取引が認められていることです。両手取引とは、つまるところ売主と買主、双方の代理を同じ不動産仲介担当者が担う取引のことです。対して売主と買主それぞれに別の不動産仲介担当者がついて行われる取引は片手取引となります。

不動産仲介会社にとって両手取引は、一つの不動産で双方から仲介手数料を得られるという1粒で2度おいしい取引となっています。取引手数料を売買価格の3％と設定していたら、両手取引なら2倍の6％分を稼げるということです。取引の双方に同じ仲介者がつくことは民法では固く禁じられていますが、不動産取引においては特別法として許されています。高く売りたい売主と安く買いたい買主の、両方のサポートにつけることを意味しているわけですが、どう考えても矛盾したルールだと感じます。どちらかの意向に偏ってしまうのは明確であり、ほとんどの仲介者は媒介契約を結んでいる売主の意向は優先度を落とし、買主に寄り添ってしまうのです。

業務上の効率という点でも、両手取引は不動産仲介会社にとってメリットがあります。仲介業のプロセスにおいては、売主や買主との話し合いの場のセッティングはもちろん、資料や契約書の作成など、さまざまな業務が発生します。片手取引においても両手取引においても、その作業量に差はほとんどありません。両手取引であれば買主と売主同時に話し合いの場を設けて効率化することができますし、資料や売買契約書も同じものを使い回すことが可能なのです。

単に2倍稼げるだけでなく、コストやエネルギーも最小限の消耗で済ませられるのですから、不動産仲介会社は両手取引のうま味をみすみす逃すわけにはいきません。なんとしても買主も自力で見つけ、両手取引を成し遂げたいのです。

「売れない」のではなく「他社に売る気がない」

買主も自社で見つけることが不動産仲介会社にとって最大のミッションであれば、売主と不動産仲介会社は思いを等しくできないことが容易に想像できます。所有不動産が売れずに参っている売主があとを絶たない原因はまさにここにあります。不動産仲介会社は他社に売る気がないから、一向に売れる気配がないのです。売主からあずかっている不動産を、自社が抱えている顧客に個別に紹介したり、自社サイトに掲載したり、不動産周辺にてチラシを配布するなどして、自力で買主を探していきます。

売主からあずかっている不動産を両手取引で2倍稼ぎたい不動産仲介会社が、なるべく情報をオープンにせず、片手取引をいっさい受け付けないような営業活動をすることを囲い込みといいます。不動産取引機会の公正性確保のため、売主に売却を依頼された不動産仲介会社は、「レインズ」と呼ばれる不動産情報を集積しているデータベースサイトに売却不動産を登録するルールになっています。情報がオープンにされるわけですから、体裁上は誰もが公平に不動産情報を取得し、内見や取引申し込みができる状態となっています。

ところが実際は不公平であるケースも少なくありません。例えば、レインズで公開し物件を閲覧した他の不動産仲介会社から興味をもってくれそうな顧客がいるので、ぜひ内見させてほしいといった要請があっても、物件をあずかっている仲介担当者は売主の都合がつかない、すでに購入申し込みが入っていて契約交渉中だと、本当か嘘か分からないことを言って遠回しに囲い込むことがあります。

他社の要請を承諾し、実際に内見に来た買い手候補が物件を気に入れば、片手取引となってしまいます。両手取引で稼ぎたい不動産仲介会社としてはこれをなんとしても防ぎたく、内見依頼を適当な理由をつけてかわすのです。もちろんその行為は、不動産売却を依頼した売主の知らないところで行われています。

いわばこれは不動産の四方八方に衝立を立てられているようなもので、不動産を探している買主側にとっては、希望の物件に出合いにくくなる悪循環を生み出していま す。売主にとっても買主にとっても、囲い込みは悪しき商慣習なのです。

このような公正さを欠いた囲い込みが本当に横行しているのか、ほんのごく一部の不動産屋がやっているだけの話ではないのかと思う方もいるかもしれません。しかし残念ながら、レインズをより詳しく見てみると、多くの不動産が囲い込まれている事実を知ることができます。

レインズに掲載されている9割以上の不動産は「広告掲載区分」の項目が「不可」となっています。これはその名のとおり、物件を掲載している不動産仲介会社しか広告展開してはいけないことを意味しています。他の不動産仲介会社が物件を気に入り、うちで買主を見つけるために広告展開しようと思いついたとしても、広告掲載区分が不可であればいっさいの広告展開活動が行えないのです。

広告掲載区分が不可になっているということはすなわち、囲い込んでいますよ、両手取引を狙っていますよ、といった不動産仲介会社のメッセージともいえるわけです。他社が広告展開できないのですから、不動産が買い手候補の目に留まる機会も極端に減るわけなので、取引発生機会も著しく少なくなってしまいます。売主にとってこの状況は決して看過できるものではありません。

両手取引そのものは悪い手段ではありませんが、このようなルールとそれに付随した不動産仲介会社だけが得られるうま味があるからこそ、作為的な囲い込みが減らず、不動産取引のチャンスに恵まれず、悩む売主があとを絶たないのです。

たとえ囲い込みがあったとしても、大手不動産会社内での囲い込みであれば、顧客をたくさん抱えているから売却もスムーズなのではと考える方もいるかもしれません。しかし残念ながら、大手不動産会社の社内連携には疑わしい点が多々あります。それどころか、同じ不動産会社グループ内であっても、支所同士で対抗し合い、足を引っ張りあっていることもあるのです。

実際にこのようなことがありました。

ある大手不動産会社A社のX支店に売却依頼をしたところ、3カ月経っても一向に売れず、私たちのもとへ相談に来た売主がいました。X支店への売却依頼を取り下げ、私たちのサポートで価格などいっさいの条件を変えず売却を開始したところ、1週間足らずで買主が見つかり売却成立に至ることができました。X支店の囲い込み可能性が十分に考えられる一件でした。

しかも驚きだったのはこの不動産の購入者です。なんと売主が以前依頼していたA社の、Y支店だったのです。Y支店は以前からこの不動産に目をつけていたようでした。

目をつけていたのならなぜX支店から直接買わなかったのかと尋ねたところ、担当者からはさも当然というように、買ったらX支店の売り上げになってしまうため支店長が絶対に許さないからと答えたのです。支店同士で売り上げを競っているため、X支店とY支店の間で取引することなどもってのほかだったのです。信じがたい話ですが、グループ店同士の情報共有や連携はいっさい行われていないことを物語る実話です。

このようなケースは決して珍しいことではありません。不動産業界は他の業界に身をおく方から見れば非常に異質に映るような光景が、日々当たり前のように繰り返されています。資本の大きい大手不動産会社だから、という理由だけで不動産売却を任せるのは、この件の売主のような経験を喫することもあり、お勧めできません。

「不動産価値＋出会い」で売却スピードと価格は決定する

不動産の売却スピードとその価格を決定づける要素は、不動産の価値そのもの以外にも存在します。

売主は自分の不動産はいったいどれほどの価値があるのかに執着しがちですが、大切な不動産をあずける委託先にも注目せねばなりません。この不動産屋は、きちんと私の不動産の価値を測りとり、真っ当なやり方で販売をしてくれるのか、といった点にも配慮すべきということです。

つまり不動産の本質的な価値だけでなく、不動産仲介会社とその担当者の本質的な部分に着目することで、売却スピードと売却価格は決定するということです。まったく売主の意向に寄り添えていない、自分たちの都合ばかり考え囲い込みを常套手段とする不動産仲介会社に依頼したら、希望以上の価格で売れるタイミングをいくつも逃すことになります。

売主の希望を尊重し、広い視野とアプローチで販売活動を行ってくれる担当者に出会えることで、理想の売却が叶えられるわけです。加えて、不動産の価値をより高めようと力を注いでくれる、専門的な手腕をもった担当者に出会えるかどうかでも、売却価格は変わってきます。

不動産取引に携わる仲介人は宅地建物取引士の資格をもっていますが、これはあくまで不動産取引のプロであり、土地建物に詳しい専門家を意味しているわけではありません。宅地建物取引士の資格を有しているからといって、不動産の価値を正しく見極め、売主に最大の利益をもたらす売却プロセスを提案できるとは限らないのです。したがって、囲い込みに固執しない営業活動に加えて、幅広い専門知識や技術を有している担当者と出会えることが最も理想的なのです。

そしてもう一つ、売却価格を決定づける重要な出会いが、買主との出会いです。売りたい不動産を、心の底から欲しいと思ってくれる買主に情報を届けられるかどうかでも、最終的な売却価格には大きな差が出ます。囲い込みで販売範囲を狭めている販売方法ではすばらしい買主との出会いは決して叶うことはなく、思うような価格で売ることはできません。つまるところ、すばらしい買主と出会えるかどうかも、不動産仲介担当者の能力次第ということです。

売主に寄り添えていない不動産屋に共通するテクとログセ

仲介担当者の執拗な囲い込みにより、売主が被り得る実質的なリスクがあります。例えば売主が5000万円での売却を希望している物件があったとします。仲介を任された担当者はまず売主の要望どおり5000万円で募集をかけます。自社で広告展開するとともに、ルール通りレインズでも情報を公開します。両手取引を狙っているので、担当者が設定したレインズの広告掲載区分は「不可」です。

売り出し後、同時期に2件の問い合わせがありました。1件はレインズを見た他社の不動産仲介会社で、5000万円での購入を希望している方が弊社の顧客にいるとのことです。もう一件は自社の広告を見て問い合わせてきた個人の方で、4500万円ならぜひ買いたいと値下げ要求がありました。

さて不動産をあずかっている担当者はどちらと交渉を進めていくかというと、売主にとってはもちろん前者の5000万円と話を進めたいところです。しかし担当者は後者の4500万円を選びます。なぜなら後者の取引は自社で集客した個人の顧客であり、交渉成立となれば両手取引が達成できるからです。

実際に数字で表してみます。ここでは仲介手数料を3％とします。前者の5000万円で片手取引にて売買した場合、不動産仲介会社に入る手数料は5000万円の3％に当たる150万円です。他方、後者の4500万円の両手取引であれば、4500万円の3％に当たる135万円を、売主買主の双方から受け取り、計270万円を得ることができます。不動産仲介会社は後者の両手取引のほうが2倍近く儲かるのです。

このように「いくらで」「誰に」売るかにおいて、売主と不動産屋との間ではまったく利害関係が一致しないケースが当然のように起こりうることが、数字にすると明白になります。

不動産仲介会社の具体的な囲い込みの行動としては、5000万円希望で問い合わせてきた他社にはすでに先約があるなどと言い訳をし、4500万円希望の個人の買い手候補と交渉を進めていきます。売主には5000万円だとなかなか問い合わせが来ないものの、4500万円なら今すぐ買いたいという方がいると虚偽の報告をして4500万円での取引へと誘導していきます。

売主としても早く売ってすっきりしたいですから500万円くらいの値下げならいいかと思案します。ここでさらに担当者は少しくらいの値下げは仕方ないもので、不動産業界ではよくあることだと後押しするのです。さらに不動産売買というのは交渉ありきです。そういうものですから了承してほしいなどと付け加えて、売主も自分を納得させ、値下げを受け入れます。仲介担当者は両手取引を見事に成し遂げ、もはや任務完了といった気分です。

不動産業界とはそういうものだという表現は、自分都合で交渉を進めていく不動産仲介担当者の口癖です。本当はそういうものではないのですが、不動産の素人である売主には知る由もありません。担当者に言われるがまま、うまく丸め込まれてしまい、損していることにすら気づかないことがほとんどなのです。

ネガティブ発言する担当者の狙い

広告を見た買い手候補から問い合わせがあり、両手取引が実現できるチャンスでありながら、あえて物件のネガティブな点を挙げて、購入意欲を下げようと目論む仲介担当者もいます。一見すると、不動産をあずけた売主だけでなく不動産仲介会社にとっても不利益な行為です。なぜそのようなことをするのかというと、その不動産があまりにもいいものだから、手放したくないのです。

買い手候補からの問い合わせに対して当該不動産を手放したくない担当者は、例えば立地的に通勤には向いていないためあまりお勧めできないと言い、さらにもっと都心寄りの物件で希望に合った不動産があると続けて別の物件を紹介するのです。このような、魅力的な不動産をおとり広告にして集客をし、その不動産の難点を無理やり挙げ他の不動産を問い合わせ客に紹介する行為が、不動産仲介会社の常套手段として確立されています。

買う側の立場になれば、より自身にマッチした物件を紹介してもらえることも考えられ、メリットととらえることもできるかもしれません。しかし不動産仲介会社が頑なに手放したくない魅力的な不動産の所有者である売主にとっては、自分のあずかり知らぬところでこのようなやり取りが交わされているなど、たまったものではありません。

両手取引による倍稼ぎに加えて、このような狙いも期待できるからこその囲い込みです。いい物件だと思うのに、なかなか売れないと悩んでいる売主が所有している不動産は、不動産仲介会社のおとり広告に活用されている可能性が高いのです。売主が状況を問い合わせても、いろいろと手は打ってはいるが反響が少ないと担当者は言葉尻を濁すのですが、その裏では問い合わせ客に不動産のネガティブなところばかり挙げ連ねていることが考えられます。

1件の物件を使って1件だけ売るのは二流以下で、1件の物件を使って5件売れたら一流だという歪んだ価値観がこびりついてしまっている業界です。早く売りたい、高く売りたいといった売主の願いを完全に無視した囲い込み営業が当たり前のように横行しているのが現状です。

不動産取引の新様式「不動産エージェント」

出会いが大切であるとはいえ、両手取引や囲い込みなど、不動産業界そのものの土台が売主に寄り添えていないルール構造をなしているのが現状です。売主の利益を最大化し、後悔のない売却を叶えてくれる不動産仲介会社や仲介担当者との出会いを果たすことなどできるのか疑問に思う方もいると思います。

少し視点を変えて考えてみると、例えば転職をするとき、近年は転職エージェントと呼ばれる転職支援のプロに委ねて、最適な転職先を探してもらう方法が主流となってきています。自身に合いそうな企業や職種を自力で見つけようとすると、知識不足から遠回りをすることになったり、視野が限定してしまったり、挙句にはまったく希望に適っていない転職先に就いてしまうことも考えられます。

しかし転職エージェントとの出会いを経ることで、後悔のない転職を成し遂げられる可能性はぐんと高まります。転職エージェントは転職サポートのプロとして、クライアントの希望や能力や性格をヒアリング分析し、転職市場の現況を徹底的に把握し、幅広い知識と経験に基づいた的確なアドバイスや斬新なアイデアも提供しながら、クライアントにマッチした最適な転職先を紹介するのです。

不動産にも同じように、クライアントにとことん寄り添う「不動産エージェント」と呼ばれる心強い味方がいます。売却サポートの際は、売主が後悔のない不動産売却を達成できるよう、不動産の真の価値を見極め、プロの視点から的確なアドバイスを行い売却までの全プロセスを支援するのが不動産エージェントです。

転職エージェントとの出会いがその後の人生を決めるように、不動産エージェントは、売主と不動産の運命を握ります。「不動産を売るならまずは不動産屋」という発想を離れ、不動産エージェントとの出会いから入るのが、これからの不動産取引の新しい形となっていきます。

「売却プロセスを楽しんでもらう」という姿勢

ほとんどの売主にとって、不動産取引は人生に1度か2度あるかのビッグイベントです。思い出の詰まった住まいを手放すわけであり、動かす金額も大きなものですから、売却価格や売却までのプロセスも慎重に進めていきたいという思いが強いはずです。

対する不動産仲介業者はあずかった不動産を取引することを仕事としているため、取引には良くも悪くも慣れきっています。自ずと一件一件の取引への気持ちの入れ具合は、売主の熱意に比べて弱くなります。売れる見込みがあれば速やかに売却成立させ、利益を出すことを優先しがちです。

しかし一刻も早く販売をスタートすることが、必ずしも不動産売却の最適解とは限りません。ときには建物のこれまでのリフォームや改修履歴に関する情報を集めてから売り出したほうが、買主の購入リスク低減につなげられ、高額かつスムーズな売却を実現できます。あるいは、事前に不動産周辺の状況をじっくり視察し最適な土地利用の方法を練り、販売時のアピール材料とすることで、買主が見つかりやすくなることもあります。もしくは建物の一部を改修して魅力を引き上げてから売ることで、より高値での売却が叶えられるケースも存在するのです。

このように不動産仲介業者が手間をかけ、知恵を絞ることで初めて売主にとってのベストな売却方法を提案することが可能になりますが、不動産仲介業者はあくまで〝不動産仲介のプロ〟であり、建物や法律面の専門家ではありません。だからこそ不動産仲介業者がハブとなって、建築士や弁護士、税理士といったそれぞれのプロと連携して最適な売却プランを組み立てることが必要になりますが、多くの不動産取引の実態を見ると、それを実現できていないのが実状です。

このような不動産取引のあり方に疑問を呈し、建物や土地に目を向け、売主の声にも熱心に耳を傾け、一件一件じっくり時間をかけて相談に対応するのが不動産エージェントです。売却を検討している人の「まずどこへ話をもっていくべきか」という段階の相談から受けます。売主が現在抱えている問題の正体を明確にし、どういった解決方法があるかをじっくり寄り添って考えていくのです。そのプロセスのなかで、例えば建物を売る前に相続絡みの問題を解決しなければいけない事態になれば、弁護士や税理士や司法書士といった専門家を案内するネットワークももっています。

不動産エージェントが心がけているのは、その一連の売却プロセスを売主に楽しんでもらうことです。不動産エージェントに相談して気持ちが楽になった。売却までの行程が楽しい思い出になった。そう思ってもらえるよう、売主との出会いを大切にし、人生の一大イベントに満足してもらえるよう、最適な売却プランを提案します。

「本当に売るべきか？」から売主と一緒に考える

不動産エージェントのことは理解できたが、やること自体は従来の不動産屋と同じではないかという意見もあります。確かに不動産エージェントはこれまでの不動産仲介担当者と同様、買主を見つけて売買契約を成立させることがゴールの一つです。しかし不動産の状況と売主の最大利益を考えたときに、売らないというゴールを提示することもあるのが、不動産エージェントの大きな特徴といえます。

既存の不動産仲介業のやり方では売主の不満が拭えないのは、売却というただ一つのゴールに向けてスタートを切ることが一因となっています。売却ありきのゴールから逆算して売却のプランニングをし、売主と媒介契約を結び、図面を作成して広告を出して、レインズに登録して、申し込みが入れば契約書を作るという決まりきった流れをすべての売却希望者に当てはめてしまうため、売主に寄り添えないノルマ最優先の利己的な商慣習が定着してしまっているのです。

仲介業は手数料ビジネスですから、売買取引が成立しないと稼げません。だから「本当に売るべきか」という発想からスタートすることができないのです。

不動産エージェントは、本当に今、売るべきなのかという視点を忘れません。売主に寄り添う際は、ビジネス的な間柄というよりも、家族や友達からの相談に乗るような姿勢でのぞみます。型に流し込むだけのような決まりきった仕事はせず、売主からのヒアリングを徹底し、親身な相談相手であり続けます。売主に損をさせたくない、売主をがっかりさせたくない、という思いが念頭にあるからこそ、今は売るべきではないかもしれないというアドバイスを提供することもできるのです。

結果的に売らないという判断になった場合、仲介業としての手数料は発生しません。しかし仲介の機会を逃したとしても称賛されるのがエージェントの仕事であり、売主の最善を思えばこそ、当たり前のようにそうするべきだという理念が根底にあります。

エージェントが大切にしている3要素

売主に寄り添い最適なゴールを提示するうえで不動産エージェントが大切にしている3つの柱があります。

1つ目は倫理性です。不動産エージェントは、顧客の利益を無視した商慣習の蔓延る業界内において決して倫理観を失いません。片手取引を避けるため他社からの問い合わせを蔑ろにしたり、売主からあずかっている不動産をおとりにして他の不動産を売ったりといった、利己的な思考に基づいた行動を当たり前と思わず、いっさいやらないスタンスを貫きます。

すなわちそれは、顧客である売主に隠し事をせず、正直であり続けることを意味しています。

稼ごうとする精神を否定しているわけではありません。不動産エージェントも当然、取引成立の暁には対価として報酬を受け取る立場です。しかし、自分たちだけが稼ぐことを主体にする風潮を悪とし、人としての倫理観に従った行動を最優先することを不動産エージェントは重んじています。

2つ目は専門性です。専門性はその名のとおり、不動産エージェントのもっている専門的な知識や技術を指しています。不動産エージェントは単なる、不動産取引の仲介に立てる宅地建物取引士の有資格者ではありません。仲介に関すること以外にも専門領域を広げ、豊富な経験に基づいた知識や技術を発揮して売主をサポートします。例えば私たちであれば、建築士の資格をもつエージェント、行政書士の資格をもつエージェント、マンション管理士の資格をもつエージェントなどが在籍しています。

専門性を常に磨いているのもエージェントの特性です。向上心をもち日々の情報収集に余念がなく、知識や技術を深めることに意識を注いでいます。

自身のもつネットワークを通じて、各専門領域のプロに協力を仰ぐのもエージェントだからこそなせる技です。司法書士や弁護士、税理士やファイナンシャルプランナーなど、専門的なスキルを有し最新の情報をアップデートし続けている協業パートナーを周りにおいています。こういった強いネットワークをもっているチーム力もエージェントの専門性といえます。

3つ目は個性です。倫理性と専門性は当然のようにもっていることが前提で、さらにおのおの不動産エージェントが放つ個性によって、売主そしてあずかっている不動産との間に強力な相乗効果が生まれ、最適な解決策が導かれていくと考えています。

これまでの不動産は、依頼者と仲介担当者との相性は置き去りにされていました。ときには本当にこの担当者で大丈夫だろうかという疑問や不安の拭えないまま依頼し、その結果想定とは程遠い取引結果を得ることになったり、思わぬトラブルに直面してしまったりすることもあるのが不動産取引の実状でした。

この方になら不動産売却を安心して頼めると思える、何でも相談しやすい家族や友達のような不動産エージェントに出会うことが、取引を大成功に収める秘訣であり、これからの不動産業界のトレンドとなっていきます。不動産エージェントも、依頼者にそう思ってもらえるよう、倫理性と専門性を土台とした個性を持ち味にして依頼者にとことん添い続けます。依頼者が息苦しさや不便さを感じることなく、充足感に満たされた不動産売買になるよう努めていきます。

エージェントが売主にもたらすメリット

倫理性・専門性・個性を大切にしている不動産エージェントは、売主に次の3つの直接的なメリットをもたらします。

・できるだけ早く売れる
・できるだけ高く売れる
・売りたい方に売れる

倫理性を強くもっている不動産エージェントは囲い込みをしないので、販売網を広く張ることができます。より多くの買い手候補や不動産仲介会社の目に留めてもらえるので、早く売れる可能性が格段に上がります。この点だけでも不動産エージェントに不動産売却を依頼するメリットは大いにあります。

囲い込みから解放し不動産情報を完全オープンにすることで、物件を心の底から欲しいと思ってくれる方へ的確にアプローチしていくことができます。希望額での取引はもちろん、ときには購入希望者が殺到し価格が競り上がっていくこともあります。

不動産エージェントは専門的な知識と技術をもっている不動産のプロです。不動産の価値を正しく見極める術にも長けていますし、独自のネットワークを駆使して専門家の協力を仰ぎながら、不動産の真の価値をさらに引き出すことも可能です。ただ単に不動産を売ることに終始するのではなく、どうしたら高く売れるかを深く追求し、従来の不動産仲介会社では到底考えつかないようなアイデアを提供し、より大きな利益を売主にもたらせるのが不動産エージェントなのです。

売りたい方に売れるのも不動産エージェントだからこそのメリットです。ぜひこの方に買ってほしいと感じる相手に出会い売却に至れることは売主にとって非常に重要です。気の合うパートナーである不動産エージェントと、忌憚のない意見を出し合いプランを立てていき、納得した売却プロセスを経て、理想とする買主に出会うことができる、この一連の流れがどれほど快適で、後々のトラブルを回避できるかを知ってほしいです。

買主との信頼関係がうまく構築できていないなかでの売却だと、後々不動産に関連してトラブルが発生したとき、より問題がこじれてしまうことがあります。

不動産の売買時に結ぶ契約のなかには、主要の設備に関しての取り交わしが明記されています。しかし契約書のなかに全項目が詳細に言及されているかといえばそうではありません。

例えば引き渡し後の3カ月以内に給排水管が故障した場合、売主が修繕費用を負担すると契約に書かれていたとします。しかしこの契約内容ですと故障の定義そのものが曖昧であり、どこからどこまでの範囲が故障であり費用を売主が負うべきかは明言されていません。買主側がこれは故障だから売主に負担してほしいと主張しても、売主側がこのくらいは故障に入らないと反論したら、意見がぶつかり合ってしまうこともあるわけです。あまり考えたくないことですが、挙句には給排水に問題があるのに黙っていたんだろうと、いわれのないクレームにまで発展し、訴訟問題にまで発展することもあり得るわけです。

両者が納得したうえで、気持ちの良い引き渡しができていると状況はまったく異なります。故障が認められても、あの売主だから給排水に問題があったことを隠すわけがないと売主の人柄を考慮した前向きなとらえ方をしてくれれば、問題の深刻化を防ぐことができるのです。場合によってはこのくらいは故障ではないから、自分たちで修繕を負担しようと売主側が負担することなく事態を収束させることさえあります。買主と売主との間で信頼関係が構築できているからこその円満解決です。不動産取引で終わりではなく、その先のこともしっかり考慮し、買主と売主の幸せを考えて行動するのが不動産エージェントなのです。

悩みを解決する方法を提示するのがエージェントの役目

不動産エージェントとしての活動を続けていると、日々さまざまな不動産に関する相談を受けます。不動産屋の説明に疑問を感じて任せる気になれないといった類の不動産業界に対する不安や不満が寄せられることもありますし、どうやって売るのが正解なのか教えてほしい、売る以外に有効な不動産の活用法はないかという相談も受けます。

ときには売却の話どうこうではなく不動産の処遇について身内の意見が対立して参っているといったトラブルを打ち明ける方もいます。単なる不動産仲介業としての看板だけを掲げていたら、これほど多様な相談は寄せられません。

不動産エージェントの役割は、不動産仲介の範囲にとどまらず、不動産に関するあらゆる悩みを、相談者と一緒に考え解決していくことにあります。言い換えるなら、悩みを解決する方法の一つとして不動産取引の選択肢をもっているのであり、他にも多彩な解決策を提案できるのが不動産エージェントなのです。従来の不動産仲介会社では思いつかない、まったく新しいアイデアを提案することもあります。持ち前の知識と技術、そして専門家たちの協力を得ながら、広い視野から悩みにアプローチしていくのです。

特別コラム① 不動産市況から考えるベストな売り時とは

不動産をいつ売るのが適切か。これは売却したい不動産を所有している売主にとっては重要な問題ですし、私たち不動産取引に関わる仕事をしている人間にとっても、売却タイミングの見極めは重要な命題です。売り時が分かれば誰も苦労しないといってしまうと身も蓋もない話ですが、不動産の価格は世の中の情勢に応じて絶えず上下していく、不動でありながらも動きの激しい存在です。不動産相場の先行きをずばり言い当てられるような人は皆無といっていいと思います。

しかし過去の不動産市況を振り返っていくと、ある明快な法則を見出すことができます。まず、不動産価格が上を向くにしろ下を向くにしろ、潮目を迎えたときは東京都の中央区と千代田区と港区、いわゆる「都心3区」から動き始めるのが定番となっています。そして新宿区、渋谷区と広がり、城南、城西、城北、城東と、「の」の字を描くようにして不動産価格変動の波は広がっていきます。東京都全体に影響が及ぶと、続いて神奈川、埼玉、千葉の順に火がついていき、これまた「の」の字型を描

都心３区中古マンション「売り出し価格」と「成約価格」

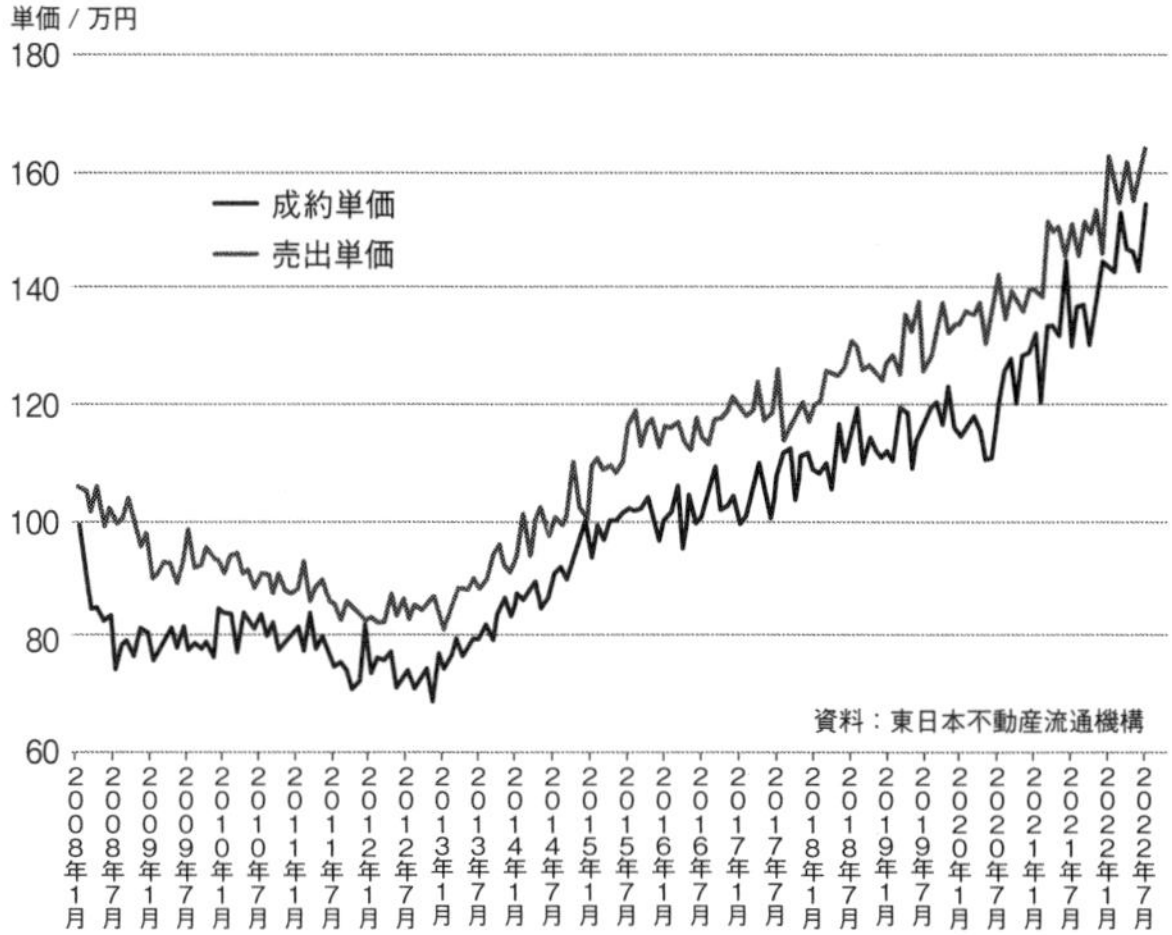

いていきます。一都三県の南関東の次は地方都市となり、札幌、仙台、名古屋、大阪、広島、福岡がほぼ時期を等しくして価格変動の波を受けます。ここまでで概ね3カ月から半年を要するのが、これまでの不動産市況動向の共通点です。

　つまり不動産取引市場の最先端を知りたいのであれば、都心3区の価格推移を注視すればいいことになります。具体的には中古マンションの在庫数や成約価格、成約平米単価を調べるのが得策です。これらは東日本不動産流通機構が月ごとに公表しています。

さらにもう1点、都心3区の中古マンション成約平米単価は過去、日経平均株価と連動するような動きを成しています。日経平均株価ほどのアップダウンはないものの、あとを追うようにして同じような波形を描くのが特徴となっています。

以上のような法則を踏まえながら実際の不動産市況の潮目を見返すと、1990年初頭のバブル絶頂期は日経平均株価がピークを迎え、不動産価格も未曾有の高値を記録していました。そのような市況で東京都に家を買える人はほぼおらず、神奈川や埼玉や千葉、そして栃木や茨城にまでマイホームを求める世帯が殺到する時代でした。不動産を売るベストタイミングもいわばこのときが絶頂であり、売りが殺到したからこその大暴落、不動産価格の大幅な値崩れを許してしまったのです。バブル崩壊以降は日経平均株価が大暴落し、つられて不動産価格も下落基調となります。以降、都心部の不動産は比較的手に入れやすくなり、より都心により駅近の物件を買おう、という意識が強まっていきました。それが30年以上経った今もずっと続いているというのが、大局で見る不動産市況です。

2021年9月末には日経平均株価が1989年バブル期以来の3万円台に到達し

ました。バブルの再来だ、どこかで一気に下落する局面が来る、という声もちらほら耳にしましたが、不動産市場の観点からバブル期と昨年9月末時点の日経平均3万円台では明らかに様子が異なることが分かります。バブル当時、日本の土地総額は2000兆円でした。しかし2022年現在はおよそ半額の1000兆円となっています。バブル期のように日本全体の不動産が異常な高値で推移しているわけではないのです。

では現代の不動産市況では何が起きているのかというと、完全に三極化していきます。価格維持あるいは上昇を続ける地域と、なだらかな下落を続ける地域、そして限りなく無価値に近い地域、大きくこの3つに不動産を区分することができます。このような三極化の様相をより顕著にしながら、引き続き日経平均株価に連動するようにして不動産価格は推移していくことが予想されます。

他方、バブル期とは違って現代は超低金利時代です。住宅ローン金利の話をすればバブル期の変動金利は7〜8%台、対して本コラムを著している直近では変動金利が0・3〜0・5%、固定金利では1%前半です。35年住宅ローン変動金利で1億円

「日経平均株価」と「都心3区中古マンション成約m^2価格」

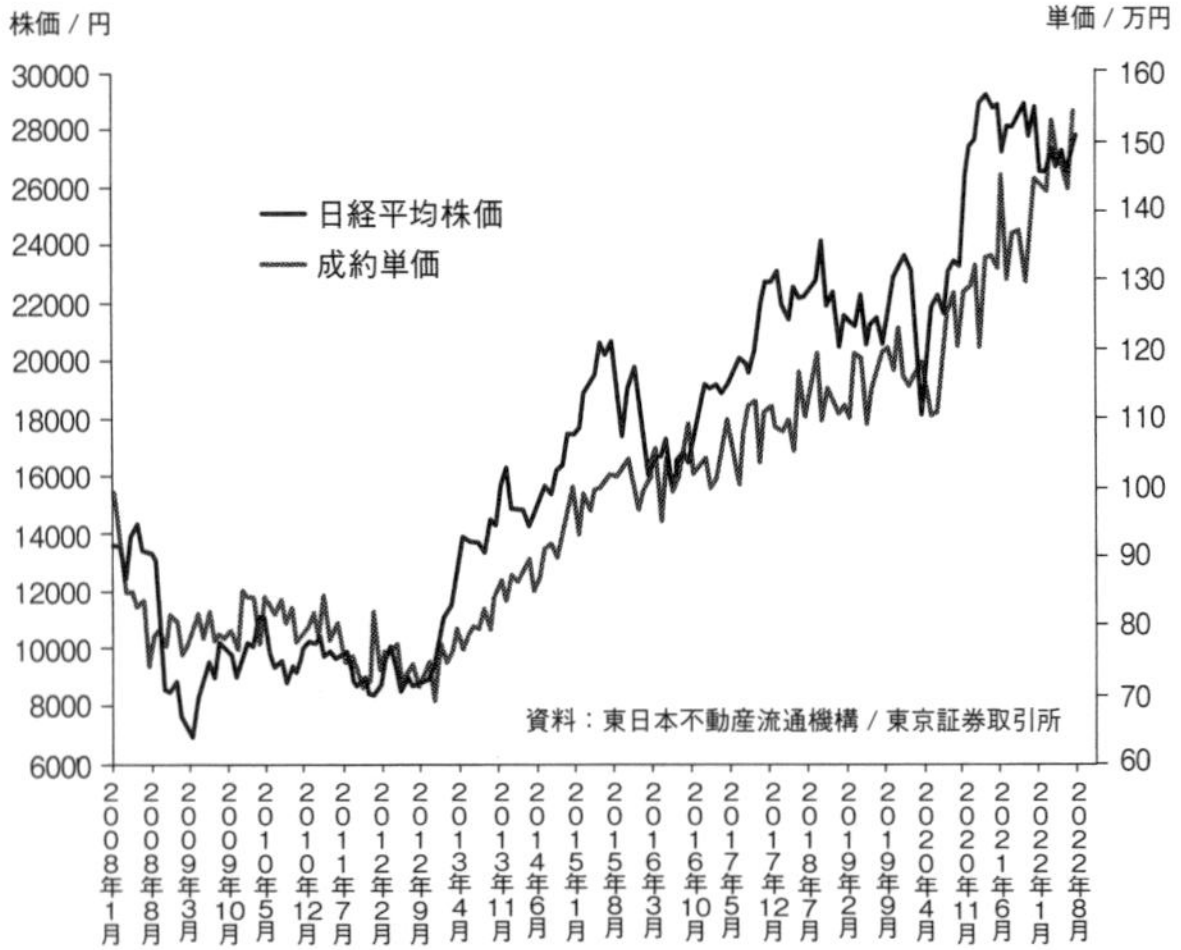

を借りた場合、今は月30万円ほどの返済で済むところ、バブル期だと月60万円を超えます。住まいを購入する多くの人は住宅ローンを組みます。購入のしやすさでいえば、低金利の現代は圧倒的に家を買いやすい時代です。そして住宅ローン金利を決定づけるのは国（あるいは日銀）の施策である政策金利ですから、国が政策金利をいくらに設定するかで家の買いやすさが決まり、不動産取引を行うタイミングも決まってくることになります。

　日経平均株価と不動産価格は大きな流れで見れば相関関係があるとは言っ

たものの、細かく局地ごとに見ると必ずしもそうとはなっておらず、その大きな要因の一つとなっているのが政策金利をはじめとした国の施策なのです。

具体例として2008年リーマンショックと2020年コロナショックを比較してみます。どちらのショックも日経平均株価を大きく下げた点では似ていますが、不動産価格には明らかな違いが生じています。リーマンショックは金融危機を誘発し不動産も投げ売りが起きて大暴落となりました。ところがコロナショックでは甚大な金融危機は起こらず、不動産価格の暴落を招くことはありませんでした。その明確な理由は、国の方針として無制限の金融緩和政策が貫かれたからです。加えて、諸外国と比較してコロナによる行動制限が厳格化されず、緊急事態宣言が短期間で終わったことも大きかったといえます。緊急事態宣言の最中、不動産取引市場は時を刻むのを止めたかのように取引回数が激減しましたが、宣言明け以降は需要が噴き出すようにして盛んに取引が行われました。以降から成約平米単価は一貫して上がり続けています。そして直近の特徴としては、不動産価格があまりに高まっているので、そろそろピークか、と判断したであろう不動産所有者が比較的強気な価格で市場に売り出し、不動産の在庫数は増える傾向にあります。このような不動産所有者の思惑に対して、買い手は値上がる一方の中心地不動産に白旗を上げ、比較的郊外に不動産を求めるようになっています。この傾向を後押しするもうひとつの背景として、コロナで加速化したリモートワークの影響も手伝っていると見られ、駅から若干遠くてもいいから広めの家に住みたい、という需要が高まっている点が実際の取引状況からうかがえます。

コロナショックだけを切り取ってみれば、必ずしも日経平均株価と不動産価格は近しい動きをしておらず、その背景には国の施策による部分が大きかったということです。しかし中長期目線では、コロナの影響が沈静化しつつある2022年、日経平均株価は上昇傾向にあり、不動産価格も追随する形で値上がりしています。

活性化一途の住宅市場を根底で支えているのは低金利、すなわち国のスタンスです。しかし現在の異次元ともいえる金融緩和政策がいつまでも続くとは考えにくいです。政策金利は近からず上がることが予測されます。そのタイミングは、現日銀総裁の任期が満了となる2023年4月8日以降と考えるのが妥当です。しかし市場動向というのはフライング気味に前もって織り込まれるもの。政策金利が近々上がることを前提として、すでに市場は変動を始めている可能性も考えられるわけです。

利上げによって2023年以降、上がり調子だった日経平均株価に歯止めがかかり、右肩上がりの住宅市場にもブレーキがかかると予測するのであれば、今現在がピーク帯にあるととらえることができます。そこでこのタイミングで「試しに」不動産を売りに出してみるというのが得策ではないかと思います。ただし相場よりも上値で市場に出すことをお勧めします。

相場より強気な価格で買い手がつけばそれに越したことはありませんが、買いの声がかからなくても焦ることはありません。公開した不動産情報にどれだけのアクセスがあったのか、まずはそのデータを収集することです。1週間程度売り出してみて、見られているデータが多いようであれば、物色されている何よりの証拠なので、価格を据え置いて粘ることが大切です。あまりにもアクセスが少ないようであれば、すでにその地域での住宅市場はピークを終えていることがうかがえるため、相場近くにまで下げる方針に変えるのが望ましいです。

とはいえ、不動産情報へのアクセスが多いか少ないか、地域の住宅市場が加熱気味か冷え気味かは売主にはなかなか把握できるものではありません。ここでものをいうのが売却依頼した担当者の手腕です。売主を焦らせることなく、データや市況を見極めて価格の設定調整を冷静に提案してくれる、そんな担当者に出会うことで、売り時を見間違うことなく売却を実現することができます。

現在、あまりにも不動産は高くなり過ぎました。一方で、三極化はより深刻さを増していきますし、国の施策次第で不動産価格が一変することも考えられます。タイミングを逃すと命取りです。不動産エージェントと二人三脚で、冷静な目線を忘れず不動産売却に臨んでいくことが大切です。

[PART 2]

売主が絶対に後悔しないために――。
4人のエージェントによる
不動産売却の成功ストーリー

Chapter 1

情報のスペシャリスト／鈴木 成禎
人気エリアでも買い手が見つからない……
売れ残ったマンションを売却につなげた圧倒的な情報網

囲い込みの弊害

不動産仲介会社の過度な囲い込み営業が、取引機会発生のチャンスを阻害し、取引成立に至れずに頭を抱える売主を量産しています。囲い込み営業では情報の公開範囲がかなり限定されてしまいます。自社のみでの広告活動になるため、自社のサイトや店頭、そして不動産がある地域周辺での掲示や配布チラシによって、買い手候補に情報を届けることにとどまります。囲い込みしたいゆえ、不動産仲介会社の手が届く範囲のかなり限定された情報の公開であり、本当に売主の不動産を欲しいと思っている方へ届けられているのか、疑問は尽きません。

売主の不動産を最も欲しいと思っているのは、もしかしたら遠く離れた地域に住んでいる方かもしれません。しかし囲い込みが行われていると、その方にまで情報を届けるのは難しいのです。したがって、不動産をできるだけ早くそしてできるだけ高く売るためには、囲い込みの弊害を取り除いて、遠く広く情報を届けることが第一となるのです。

内見予約が入らない人気エリア物件

市原さん（男性・50代※仮名）は東京都台東区築20年のマンション3ＬＤＫを売却しようと計画していました。きっかけはお子さんの独立で、夫婦二人だけのスペースが確保された、築浅の物件に住み替えようと奥さんと話していたのです。

計画を練っていた矢先、マンションの集合ポストに大手不動産仲介会社のチラシが入っているのを見つけ、広範囲のネットワークを活かして適切な価格で販売してくれるだろうという大手ならではの期待感に惹かれ、売却を依頼しました。

大手不動産仲介会社の担当者から提案された売却価格は５０００万円です。市原さんなりに周辺の不動産のチラシや、インターネットの不動産販売サイトにも目を通し、5000万円が妥当であると感じていたので、さっそく販売を開始してもらいました。

ファミリー層に人気のエリアなので、すぐに内見希望者がやって来るだろうと期待していた市原さんですが、販売から数週間を経ても問い合わせは一件もありませんでした。担当者の報告では、周辺に住んでいる方から何件か問い合わせはあるものの、内見にまでは至らない状況なのだそうです。

そして1カ月後、改めて担当者との話し合いの場がもたれ、建物の古さとリフォームされていない現状がネックとなって、内見申し込みがない可能性が高いと指摘されました。そのため多少価格を下げることになるが個人に対してではなく不動産買取業者に声を掛けてみるのはどうだろうかという提案を受けたのです。

さらに担当者によれば、リフォーム前提で買取価格を査定してくれるのですぐ購入の声が掛かると思われ、4700万円であればすぐにでも買いたいという業者がいるといいます。5000万円では引き続き内見希望はないかもしれませんし、ここで決めてしまってもいいのではないかと打診を受けました。

当初は5000万円だった物件を4700万円に値下げし、相場より少し安いのは気がかりでした。市原さんとしては今すぐ住み替えたいとか、今すぐ現金が欲しいわけでもなかったので、売却を急ぐ気はありませんでした。対する担当者は売却を急かす発言が多く、市原さんは本当に5000万円では売れないのだろうか、もう少し待ってみるのもいいのではないかと次第に考えるようになりました。そこで何かいい相談先はないかとインターネットで検索したところ、不動産のセカンドオピニオンサービスを営んでいる私たち不動産エージェントを見つけ、相談に来たのです。

売れない理由を探る

本件は市原さんのマンションがある地域周辺の不動産事情に詳しい鈴木が担当しました。売却予定の不動産に関する悩みを抱え、セカンドオピニオンを求めて私たち不動産エージェントを訪ねる方は少なくありません。不動産エージェントは「本当に売るべきか」という切り口から悩み解決をスタートするので、従来の不動産仲介会社とは違ったアドバイスを提供することが可能です。

市原さんの場合、売却を急いではいないものの住み替えのためまとまったお金が必要ではありました。また、この広さを求めている方々がいるならぜひ購入してもらい、大切に使ってもらいたいという希望の強い方でしたので、売らないという選択肢はあり得ませんでした。

問題は5000万円が妥当かどうかです。築20年となると老朽化しているマンションも少なくなく、不動産価値が大きく減損してしまっているケースもあり得ます。建物の状態をよく知る必要があり、市原さんからお住まいの不動産について事細かにヒアリングしていきました。

一方で、市原さんが売却を依頼した大手不動産会社の報告には疑問点がいくつかありました。まず、マンション近隣の方からの問い合わせしかなかったということです。狭い範囲での広告活動しか行っておらず、囲い込みを狙っている可能性が十分に考えられました。また、個人の問い合わせはあるのに他の不動産仲介会社からの問い合わせがないという点も疑わしいです。

この地域で手ごろなマンションを探している仲介業者であれば不動産の情報を知りたいと迷わず問い合わせを入れたくなるくらい、市原さんの物件には価値があると感じました。鈴木は市原さんの不動産屋について、なぜ内見希望者が現れないのか、その理由を探るための情報収集を開始したのです。

囲い込みからの解放

初回の話し合いから数日後、市原さんに調査結果を報告する場を設けました。5000万円での売却は難しいのか、そしてリフォーム会社に4700万円で売るのは適切なのか、膨大な不動産情報を保管しているレインズであれば過去の取引事例を引き出すことができます。鈴木はまずそこから手をつけていました。

市原さんの不動産の周辺地域で、同程度の築年数と間取りでリフォームされていないマンションの過去3年分の売買取引事例を遡って調査した結果、5000万円で販売されていた物件のおよそ8割は1カ月程度で売れていることが分かったのです。さらに条件を絞った取引事例も調べました。市原さんのマンションは最寄りの駅から7

分以内という好物件です。そこで駅から徒歩5分から7分程度の取引事例に絞ったところ、5000万円半ばで売れている物件も多く、むしろ市原さんのマンションは安値傾向であると分析できました。

調査結果を聞いて驚きを隠せない市原さんは、安値なのになぜ我が家はまったく声が掛からないのかと首をかしげました。一つ考えられるのはニーズの減少です。過去の取引では5000万円以上で販売ができていても、年々需要が減ってしまっていたら売るのは困難になってしまいます。そこで現在のニーズを探るため、直近数年間の成約実績数の調査のほか、エージェント仲間や知り合いの不動産会社にもヒアリングし、周辺の需要状況を調査しました。その結果、台東区の本物件周辺のエリアでは3LDK中古物件を求めているファミリー層は非常に多く、しかも近隣だけでなく遠方の購入者も多いことが分かりました。問い合わせが少なく内見予約が来ないという仲介担当者の報告には疑問が残る、というのが全会一致の意見でした。

それならますます連絡が来なかったのが不思議でならないといった様子で、しかめ面の市原さんに鈴木は衝撃の事実を伝えました。実は鈴木は、何か他に売れない理由があるのかを探るべくある検証を行っていました。それは売却依頼している仲介会社に問い合わせし、内見をしてみたいと申し込み依頼を入れてみるというものです。すると担当者からは、売主が引っ越しの準備に忙しいため内見は早くても3週間後になるということだったのです。

市原さんは言葉を失いかけました。内見はいつでも大歓迎だと仲介会社には伝えていたのですから驚くのは当然です。買主が決まるまでは居住の予定だったため引っ越しの予定なんてありません。そもそも担当者から内見申し込みがあったという報告も受けていなかったのです。

驚きを隠せない様子を見て、鈴木は不動産屋の常套手段として知られている両手取引狙いの囲い込みについて説明しました。あくまで推測ですが、市原さんが依頼した不動産仲介会社は、自分たちで買主を見つけたいがため、他社からの内見依頼を断っている可能性が高いです。さらに実際に問い合わせは何件か来ても、もっと築浅で最適な物件があると営業して、他の売主からあずかっている不動産を紹介しているのかもしれません。つまり市原さんの5000万円の不動産で顧客を引き寄せ、他の物件の売却を狙っている可能性も考えられます。

さらにもう一つ、市原さんが依頼している不動産仲介会社には狙いがあったと考えられます。担当者は、販売開始後1カ月間、内見の申し込みが一件もないと報告し、リフォームしてから販売することを事業とする買取業者への売却を提案していました。これにはおそらく裏があり、買取業者に売却しリフォームしたあと、さらに自社にて売却の仲介を請け負う狙いがあったと推測できます。

つまり、まず不動産買取業者と市原さんとの間で両手取引にて、4700万円で売買を仲介します。この時点で5000万円の片手取引よりも高い利益を得られるわけです。さらに買取業者がリフォームした物件も仲介し、売却するのです。相場を考えると、リフォーム済みのマンションであれば6000万円半ばで売れます。その際も両手取引ができれば、手数料はかなりの稼ぎになるというわけです。一つの物件で2倍どころか3倍も4倍も儲けられるカラクリです。

仲介会社に本当にそのような狙いがあったかは確実ではありませんが、周辺の同型マンションの過去の取引事例や、担当者の応対や報告を見る限り、そのような狙いが透けて見えるようでした。

まさか売れない理由が物件ではなく依頼先にあったと分かり、市原さんは唖然とするばかりです。鈴木はまずは不動産を囲い込み状態から解放することで販売網が広がり、より多くの方の目に留まるようになるため問い合わせも増えるだろうと強調したうえで、多少の時間は掛かるかもしれないが5300万円前後での販売にチャレンジするのも一手だと付け加えました。

人気エリアの物件ながらなかなか内見に結びつかなかったのは、不動産仲介会社の囲い込みによる可能性が高いこと、相場から5000万円の売却額は安値であること、4700万円で買取業者に売ることは市原さんにとっては確実に損であることが、鈴木の情報収集によって判明しました。加えて、過去の売却事例や需要調査から、5300万円前後の価格帯でも売却が可能であるという分析結果も提示すると、市原さんはセカンドオピニオンを求めて正解だったと、疑問が解消され満足した表情で帰りました。数日が経ち大手不動産仲介会社での売却依頼を取り下げた旨の連絡がありました。そして、半年後でも1年後でも構わないから、鈴木のほうで買主を見つけてほしいと依頼があったのです。

売れない理由を取り除く

市原さんと媒介契約を結び、鈴木が５３００万円の売り出し価格にて販売を開始しました。レインズには広告掲載区分を「可」にして情報を載せ、他社でも市原さんの不動産を広告展開できるようにしました。囲い込みからの解放の第一歩です。

広告掲載区分が「可」になっている物件自体が珍しいので、掲載後にレインズを見た不動産仲介会社から弊社サイトでも紹介していいかといった反響が次々と寄せられました。先方としては自社で紹介できる物件を増やすことができるのですから、活用しない手はないです。大手不動産会社からの掲載依頼もありました。

利己的な手法が商慣習化して定着している業界ですから、売り物件としてもっている不動産を他社に広告展開してもらうのは、見込み収益を半減される行為ともいえます。囲い込みをすることが当然の会社なら、絶対にあり得ない行為です。本当に広告してもいいのか、レインズの登録区分を間違えていないのかと何度も確認してくる不動産仲介会社もあるくらいです。

過去には、他社のエージェントより、両手取引狙いで囲い込めばいいのに、なぜ他の会社にも広告させるのかと率直に尋ねられたことがあります。売主の最善を考えたら、囲い込みをせずにできるだけ広く広告するのが一番であるため、他社の力も借りたいと答えたのですが、先方にはあまり理解はしてもらえませんでした。

現在では私たちの理念ややり方に共感してくださっている会社も多く、ある条件の物件を探している顧客がいるのですが、何かいい物件ありませんかと先手を打つようにして問い合わせが来るようにもなりました。従来の囲い込みが当たり前の不動産業界であればあまり見られない光景です。

広告活動の手段はレインズ経由での要請だけではありません。鈴木のもつネットワークを駆使し、過去に関わったことのある全国の不動産仲介会社へ声を掛けていき、条件の合致する買い手候補を広範囲で探していきました。

不動産仲介会社の反応として多かったのは、やはり建物の古さとリフォームを行っていない点でした。立地は良いものの、抱えている顧客へのアピール材料に乏しいことを懸念していたのです。

確かに現状、周辺地域は築年数の浅い物件やリフォーム済みの物件が多く、見栄えとしてはそちらのほうが優れています。不動産仲介会社にとってはそういった物件のほうが顧客に紹介しやすいのです。

この懸念点を帳消しにできる、むしろプラスにも転換できる材料がありました。近隣の同じような間取りでリフォーム済みマンションが6500万円で売り出されていたのです。市原さんのマンションと比べて、約1000万円以上高い価格で販売されています。

鈴木はリフォーム代の目安として、あらかじめリフォーム業者に700万円の見積もりを出してもらっていました。このリフォーム代700万円を参考値として提供し、自分の好きなようにリフォームができること、物件購入費用とリフォーム費用、合わせて6350万円程度で済むことを本物件の強みとしたのです。

セカンドオピニオン相談時に調べていた周辺地域の過去の取引事例の資料も惜しみなく提供しました。遠方の方にも地域の雰囲気が伝わるよう、周辺環境の情報も写真付きで渡しました。アピール材料となりそうな資料は渡せるだけ渡し、先方が抱える顧客に向けて積極的に広告展開してもらうよう要請しました。

買い手候補が購入を躊躇してしまう理由を帳消しにする材料を提供し、物件の魅力を最大限にして伝える工夫を施すことで、内見申し込みへつなげる動機付けを高めていったのです。

早期かつ高値で売却成功

鈴木が実践した一つひとつの営業活動が実り、売出開始から2週間程度で3組の内見申し込みが入りました。5300万円は少々強気の販売価格であり、長期戦も覚悟していたのですが思わぬ反響でした。なかには新潟在住の方からの申し込みもありました。

3組の内見は同じ日に、30分刻みの連続にてセッティングしました。連続の内見は市原さんにとって都合がよいうえに、交代時に各不動産仲介会社と内見者さん同士がすれ違うことで、他にも購入検討者がいることを暗に伝えることができます。購入意欲を高め、買い手候補の早期決断を促す狙いです。

内見はいずれも、売主の市原さん、売主の仲介担当者である鈴木、内見者、内見者の仲介担当者、計四者にて行いました。市原さんは居住中で、家具や日用品そのままの生活感に満たされたなかでの内見です。内見者からはさまざまな質問が飛び、それに市原さんが答えていきます。鈴木からも事前に、リフォームに関する資料や周辺物件の取引実績といった資料だけでなく、物件のアピールポイントをまとめた書類なども写真を添えて提供しました。また物件の良い点だけでなく、過去に発覚した不具合やその修繕の経歴、そして現状の傷や汚れなどについても詳細に報告していました。長期修繕計画も事前に調査し、将来的にどのような出費が予測されるかの説明も徹底しました。

なかでも新潟から来た方は、スーパーの位置や公園の場所、小学校までの道のりなど、事前に用意してきた細かい質問を市原さんへ投げかけていました。仕事の都合で東京へ転勤となり都内の物件を急ぎ探しているとのことで、2人の子どももこれから成長期を迎えることから、この機会に思い切って広めの物件を購入したく、市原さんの物件に興味津々の様子でした。市原さん自身この地域に長く定着し、子どもも育てきましたから、生活環境に関する質問責めにも難なく答えることができました。

内見者の反応は上々で、3組とも滞りなく終えることができました。内見後さっそく5200万円での購入申し込みがありました。申込者は新潟から内見に来た方でした。100万円の価格交渉があることから、もう少し時間をかければさらに申し込みがあり、価格を競ることも可能かもしれないと助言しましたが、市原さんは購入申込書の内容でぜひ新潟の方に売却したいとの意向でした。

その後はとんとん拍子に進み、速やかに売買契約締結まで至ることができました。買主の話では、物件だけでなく売主である市原さんの人柄に惹かれたこと、そして何より部屋に日常の物たちがある状態での内見が好印象だったそうです。自分がそこに生活しているときのイメージがすぐに湧いたことで、購入申し込みをしたいと感じられたようです。お互いこの方から買いたい、この方になら売りたいという和やかな気持ちのなかで取引ができ、トラブルなく引き渡しまで完了しました。

情報網を広げたことで叶えられた理想の出会い

不動産を希望以上の価格で売却するポイントは情報の収集と分析です。取り扱う不動産に関わる情報はもちろんのこと、周辺の取引事例も可能な限り集めていきます。情報の分析によって売れない理由を探り、課題を一つひとつ着実に克服していったからこそ、当初の想定よりも高値で売ることに成功しました。

現代はインターネットを駆使すれば、不動産に詳しくない方でも相場情報を簡単に引き出すことができるようになりました。一見すると情報がオープンになって透明感を構築しつつある印象の不動産業界ですが、表に出ていない情報もまだまだたくさん存在するのが実態です。囲い込みはその最たるものであるといえます。囲い込みから解放し情報網を広げることで、たくさんの買い手候補の目に留まり、不動産を高くかつ早く売却できるチャンスは自ずと増えます。

さらなる決定打として、エージェントの力によってその物件や立地のもっているポテンシャルをより引き出すことで、相場よりも高値で売れる可能性が高まります。絵に描いた餅ではなく、事実ベースでの価格や売却プランを提供し、プランどおりの結果を出せるのは、情報収集と分析に余念のない不動産エージェントだからこそなせる技です。

買主サイドにも不動産の魅力を伝える工夫は欠かしません。集積した資料を惜しみなく提供し、価格以上の価値を感じてもらえるよう努めるのも、不動産エージェントの重要な任務の一つとなっています。

今回のケースでは、売主と買主がお互いこの方にならと、という方に出会えたことも、より後悔のない売却に一役買ってくれました。お互いの絆が高まっているほど、契約時あるいは契約後のトラブルを回避でき、仮に何かしらの問題が起きても穏やかに解決することができます。

Chapter 2

常識破りの知性派／山本 直彌

ほかの業者からは「値段が付かない」と言われた……
徹底的な物件調査で掘り起こした築古物件の価値

不動産がもつ本質的な価値を可視化する

売主から不動産売却を任された不動産エージェントの仕事はただ一つです。不動産の価値をどのように最大化して売るかをとことん考えることに尽きます。価値の最大化の一つとして可視化が挙げられます。可視化は不動産に関する豊富な知識や経験、さらに専門家たちとのネットワークをもっていないと繰り出すことができない、不動産エージェントならではの必殺技です。

さて、築25年の一戸建てと言われたら、紫外線で劣化した外壁、一部が欠損している屋根、内装は、壁紙クロスがところどころ剥がれていたり、フローリングにも傷が目立っていたりと、経年劣化が随所に見られる可能性が高いです。しかし築25年の一戸建てと一口に言っても、住んでいた方がどれだけ大切にしてきたかで状態は大きく変わるものです。実際に見てみたら想像よりもきれいなこともあれば、逆に想像以上にボロボロであることもあります。

そして、ここが大切なことなのですが、その家の状態を目の前にすることで初めて、私たちは建物の価値を感じることができます。単なる間取りや築年数といった表面的なスペックだけでは、建物の本当の価値を知ることなどできません。

これを逆手に取れば、各建築素材の具合や、屋根裏・床下の見えないところに至るまで、不動産に関わるデータをすべて可視化することができれば、建物の真の価値を掘り起こすことも可能ということになります。築年数が古い家であっても、建物の状態によっては、築浅の家と同等の価値を見出すことも不可能ではないのです。

このような建物の精密な可視化はいわば諸刃の剣です。不動産のすべてを丸裸にしてしまうため、いいところも悪いところも洗いざらい調べることになります。もし悪いところばかり見つかったら、かえって不動産の価値を下げかねません。しかし一方で、不動産のすべてを包み隠さず伝えることが、買い手サイドにとって安心材料につながり、不動産の魅力をより引き出してくれることにもなります。

査定価格に納得できない！

仁川さん（女性・60代※仮名）は埼玉県春日部市にある、当時築15年の土地付き中古戸建て住宅を2600万円で購入しました。それから10年後、自身の事情から転居を決め、築25年を迎えた我が家を売却することになりました。

不動産仲介会社を5社ほど選び査定依頼したところ、平均して1700万円程度の売却価格が提示されました。立地と築年数だけで算出された各社の査定に仁川さんは納得できませんでした。より適正な不動産価値を見出してくれるところはないだろうかと探しているうちに不動産エージェントの存在を知り、私たちのところへ相談に来られました。

その内容とは10年前に購入して以降、傷をつけないよう大事にして修繕も念入りに行ってきたのに購入時よりも900万円も安い査定なんて、絶対に納得できないというものでした。その査定では家の価値をほとんど評価せず、土地の価値だけで売却価格を見積もられ、その方法にも不満を抱いていたのです。本件には、不動産の隣市に住んでいたことがある山本が携わりました。不服の要因を客観的な立場から探るため、実際に物件を視察することからスタートしました。

築25年の「ほぼ」新築

依頼を受けた当初、山本は不動産仲介会社がつけた1700万円前後という査定価格は妥当だなと感じていました。税法上、木造の耐用年数は22年とされているため、築20年以上の戸建て住宅はほぼ価値なしと判定されるのが一般的です。定額法による減価償却の観点から取得価格の1割は価値が残っているとしても、その額はせいぜい150から300万円ほどです。土地の周辺相場から算出した1700万円という査定価格は現実味を帯びているといえました。

しかし実際の建物敷地へ足を踏み入れた瞬間、山本は「1700万円は妥当」の先入観をかなぐり捨てたくなるほどの衝撃を受けました。まるで新築物件と見間違うほどの外観と内装だったからです。

車庫つき2階建ての4LDKで、外壁の塗装は汚れや傷がいっさい見当たらず、まだ光沢を放っているほどです。屋根の状態にも劣化は見られません。内装は、フローリングは張り替えを行っており新品同様、壁紙クロスにもやはり汚れや傷は見られません。キッチンやバスルームなどの水回りも手入れが行き届いておりピカピカです。引っ越してきてから10年、毎日清掃を徹底し、大切に使われてきたことが誰でもひと目で分かる家だったのです。

中古物件のイメージを根底から覆されるほどの衝撃でした。山本の長い経験のなかでも、これほど新築に近い築25年物件は見たことがありませんでした。同時に山本は、この建物に評価がつかないなんて絶対にあってはいけないと実感しました。

同じ築25年でも、雨漏りが酷かったり、外装がボロボロだったり、フローリングが傷だらけの物件はいくらでもあります。それらと、大事に手入れしてきた家の価値を同等と評価するのは、あまりにも失礼なことだと、査定価格に納得できない仁川さんに強く共感したのです。

立地も好材料でした。最寄りの駅からは徒歩5分ほど、閑静な住宅街の落ち着いた雰囲気のなかに位置しています。歩いてすぐのところにある国道沿いまで出ればスーパーやコンビニ、飲食店はたくさん並んでいます。生活に不便を感じることのない住環境でした。

実物を目の当たりにした今、山本は一般的に築25年の木造は建物価値がないため不動産仲介会社の査定どおり土地価格の1700万円前後での売却が妥当であるとは間違っても口にできませんでした。この家の本当の価値を分かってくれる方に買ってほしいと切実な思いを吐露する本人を前に、山本は一つの画期的なアイデアを思いついていました。

専門家が家を丸ごと鑑定

改めて仁川さんと話し合いの場を設け、山本から最適な価格で売却するためのプランを提案しました。インスペクション、つまり住宅診断です。建物に詳しい専門家が住宅を調査、劣化具合や補修すべき点などを評価し、建物の価値を正しく測定することを主な目的とします。本来インスペクションは買主側が実施します。建物に不備がないか精密に検査し、最終的な購入価格を決めるためです。

このインスペクションを、売主側があえて実施することを提案した理由は、築25年とは思えないほど建物の劣化が軽微であったからです。インスペクションを行い、劣化や不具合がほとんど認められなければ、一般的な築25年の建物以上の価値があるというお墨付きを専門家からもらえることになります。その住宅診断報告書を担保にして不動産に付加価値をつけるプランを山本は立てたのです。

インスペクションによって屋根裏や床下など目の届かない部分で悪いところが見つかる可能性はあるが、家の現状をすべて可視化することで、この家の価値を正しく評価し、心から欲しいと思う方に売却することができると考えたのです。

これはある種の賭けでもありました。売却価格を上げるためにインスペクションをした例は過去にほとんどありません。極めて例外的な試みであり、思惑どおりうまくいく確信もありません。その一方でたとえ思わぬ不具合などが見つかっても、査定価格の1700万円を下回ることはないはずだと予想していたのです。新築と見間違うほどの建物状態だったからこそ、ここまで自信をもって提案することができました。

山本のプランニングに仁川さんはその場で同意し、数日後には一級建築士2人を派遣してのインスペクションが実施されました。普段のインスペクションでは、建物の各部の現状を調べて報告書をまとめるのですが、今回はさらに特別なチャレンジを行いました。

各建材のグレードも調査し、劣化度合いを細かく見極め、現状の価値を正確に計測したのです。例えば以前屋根の修繕に100万円の費用を掛けていたとして、インスペクションで現在の劣化度合いが30％程度と評価できれば、屋根の残存価値は70万円と算出することができます。

このような計算を、外壁や内壁や水回り部分といった目に見える部分はもちろん、屋根裏や床下や構造体まで細かく施し、残存価値を足し合わせていきました。減価償却のような机上の減点方式ではなく、実地調査を行ったうえでの加点方式です。

結果、仁川さんが10年間大切にしてきた築25年の家に、1000万円の価値を見出すことができました。内訳は大まかに、外装と屋根で500万円、水回り関連で

300万円、クロスやフローリングなど内装部分で200万円です。

つまり仁川さんの不動産は、1700万円ほどというほぼ土地だけを評価した価格に、1000万円を上乗せした2700万円ほどの真価値を見い出したことになります。

インスペクションによって建物の悪い点も見つかりました。建築時、構造柱に配線や配管のための穴を必要以上に開けていることが発覚しました。しかし耐震性を損なうほどの規模ではなく、緊急修繕は不要であることも、今回の調査で診断することができました。

また、建物は仁川さんの購入時よりも状態が良くなっていることが判明しました。10年間、外装の塗装や屋根の補修など各部のメンテナンスを行ったことで、建物を若返らせることができていたわけです。

インスペクションによる価値診断は、建物は年数とともに劣化していくという不動産業界の常識を覆すような結果を導き出しました。10年前に2600万円で購入した家を、それ以上の値段で売ることができるという報告を受けられたのですから、仁川さんも大喜びです。

最終的には、2700万円を少し切る2680万円を売り出し価格としました。買い手候補や興味をもった不動産仲介会社から問い合わせがあったら、先方へインスペクションの報告書をすべて提出する売却プランです。地域の築25年中古戸建て物件の相場は2000万円を切るのが普通です。この売り出し価格は異常な高さともいえます。

インスペクションの報告にある内容は買主側から見れば絵に描いた餅かもしれません。報告の内容は事実かもしれないが築25年なのも事実だと、減価償却の観点では建物の価値はほぼ0円である点を突かれればそれまでともいえます。

この点に関しては、山本としても一抹の不安を抱いていました。果たしてこの超強気ともいえる販売価格で内見希望者が出てくるのか、そして希望価格で売却に至れるのか、インスペクション後の売却という初の試みだけに、実際に前へ進んでみないとまったく予測がつきませんでした。

本当の価値を感じてくれる方へ届けるために

強気な値段設定が影響し、売り出し後の反響はやはり少なめ傾向でした。建物の真の価値を広告ではなかなか伝えることができないもどかしさはありましたが、反響があるうちは値下げを視野に入れず、とにかく粘る作戦でいきました。

多くの問い合わせが、築25年の戸建てがなぜこれほどの高値で販売されているのか、という疑問に紐づいたものでした。問い合わせてくれた方には山本から詳細な経緯を説明しました。同時に、何年何月にどこにどのような修繕を施したかを記載した過去の詳細な補修履歴と、インスペクションの診断結果、いいところも悪いところも含めたすべてを検討材料として提供していきました。建物の情報すべてを可視化することで、建物の安全性を十分に感じてもらい、資産性もあることを伝えるよう努めました。

この方法に先方は非常に驚きましたが、好材料として受け止められました。先方が抱いていた疑問は好奇心へと変わり、だからこの価格なのかと納得してもらうことができました。さらに内見に来た大半の方は築25年とは思えない、新築同様だと、山本が初めて物件を訪れたときと同じような反応を見せていました。

ただ、建物に価値があることは理解してもらえても、2680万円の額面にはなかなか納得してもらえませんでした。2000万円台前半への値下げ要求が何度かありましたが、その価格帯では建物の価値に見合っていない取引になると山本は感じ、交渉に応じませんでした。

そのようななかで内見に来たのが、ある30代前半の夫婦でした。都内で賃貸暮らしをしていましたが、子育てや老後などこれから訪れる未来を考えたとき、早いうちに住環境を落ち着けておこうと、住まい購入を決意したといいます。予算2000万円後半で、埼玉県内の新築戸建て物件を探し求めていました。ただこの予算で新築を探すとなると都心からかなり距離をおく必要があり、勤務地へのアクセスが不便になってしまいます。そこで仁川さんの不動産がある地域周辺で中古物件を探している最中、本物件を見つけました。

新築くらいの価格で中古の戸建てが売っているが、どんな家なんだろうという他の方と同じ興味本位での内見問い合わせでした。すでに家は空室となっており、事前に鍵を渡す形で、夫婦だけで建物を見てもらいました。

一歩足を踏み入れた瞬間に夫婦はこの物件に一目惚れし、新築以上の魅力を感じ、絶対にここに住みたいと感じたそうです。加えてインスペクションにより、長く住んでも大きな不具合は出ていないという保証が新築物件にはない安心を与えたことも大きかったようです。新築とほぼ同額の中古でしたが、補って余りある価値を感じていました。

すぐに購入の申し出がありました。ただどうしても予算の部分で折り合いがつかず、値下げの要求がありました。こちらとしてはなるべく売り出し価格の2680万円で売りたい意向ではありましたが、これほど欲しいと思ってくれる方になら、という仁川さんの思いもあり、2500万円での売却となりました。値下げの引き換え条件として、家の状態に納得してもらい、仮に引き渡し後に何か建物に問題が発覚したとしても売主への責任追及はしないという契約としました。インスペクションで安全性はほぼ保証されているのですから先方は条件をすぐ受け入れてくれました。仁川さんとしては後々のトラブルを回避できる安心を買った分の値下げということで、両者納得のうえでの取引成立でした。

安心を価値に換えるインスペクション

インスペクションで1カ月を要し、売り出しスタートから2カ月で取引成立、トータルで3カ月掛かるかどうかの売却事例でした。家の価値をきちんと評価したうえでの売却に、仁川さんも報われる思いだったと思います。何より大切にしてきた家の本当の価値を分かってもらえる方に出会えてよかったと、山本と喜びを分かち合うことができました。仁川さんとは現在も連絡を取り合う仲で、転居先での生活を伝える便りをもらっています。

山本としても、今回の新しいチャレンジを成功に収めることができたのは大きな収穫でした。インスペクションは本来であれば買主が物件を審査する際に行うものです。売主があえて先手を打って実施し、建物の情報をオープンにしてから売り出すという、定石から外れた不動産売却事例をつくれたことは、業界的にも大きな一歩であったといえます。

仁川さんのケース以降、築年数を経ているものの問題なく住める状態の中古戸建てに関しては、インスペクションを実施してからの売却を積極的に提案するようになりました。

売却時のインスペクションは各部位のグレードと残存価値を調査していることがポイントです。注文住宅であれば、インスペクションを実施したうえでの売却はかなり有利といえます。建築主のこだわりが随所にあり、グレードの良いものを使っていることも多く、それをきちんと建物価値として反映させることができるからです。

実際の売却事例としては、築15年ほどであれば、修繕を一度もしていなかったとしても平均して800万円程度の建物価値を出すことができています。25年を超えていても、雨漏りやシロアリ対策といった最低限のメンテナンスを怠っていなければ、3~400万円ほどの価値をインスペクションで出すことができています。

この方法によって、税法上ではせいぜい1割程度の残存価値しかない建物にも適正な価値を見出し、土地に上乗せした価格にて売却することができています。

仁川さんのケースのように、プラス要素もマイナス要素も包み隠さず可視化して伝えることが、買主にとっての安心材料につながります。双方が納得できる適切な価格での取引を実現し、後々のトラブル発生回避に一役買ってくれています。安心を価値として換算してくれるインスペクションが今後の中古物件取引のトレンドとなっていければ、買主と売主双方にとってより安心確実な不動産取引が増えていくことになります。

大規模修繕で発覚した不具合

建物データの可視化で価値を高める手法について、続いてはマンションでの売却事例です。売主である二宮さん（男性・60代※仮名）は、新築時に6000万円で購入した築14年のマンション4LDKを売却したく、私たちのところへ相談に来ました。

マンションは200世帯ほどを擁し、都内の一等地に建っています。近年の都内マンション需要の高まりもあり、購入時とほぼ同額かそれ以上の価格で売れる期待がもてました。二宮さんとしても、なるべく購入額に近い価格での売却を望んでいました。

しかしこのマンション、一つの大きな悩みの種を抱えていました。相談に来られる1年ほど前、大規模修繕のためマンションを囲うように足場を組み、建物調査を開始したのですが、その際に建物に大きな不具合が発覚したのです。

その不具合は建物の安全性を揺るがすもので、当初は耐震等級2で販売されたマンションでしたが、今回の調査によって1にも満たないと診断されてしまいました。これはマンションの価値を大きく毀損する大問題です。

修繕を施し補強を行えば耐震性は改善されるわけですが、問題はこれに伴う莫大な費用を誰が負担するのかです。マンションの管理組合が負担するのであればすなわち居住者が費用を捻出することになりますし、今後の修繕積立金も跳ね上がることが当然のように予測されます。

マンション居住者は、施工した側のミスなのになぜ修繕費を負担しないといけないのかと怒り心頭です。管理組合は専門家に依頼し、販売会社と施工会社が修繕費を補償するよう強く訴えかけました。

二宮さんからの売却依頼は、施工販売側と管理組合の間で協議が続いている渦中でのことでした。不具合が発覚したために売却したいのではなく、もともと売却目的の購入であり、そろそろ別の場所へ引っ越したい意向でした。マンション市場が活気付いているタイミングで売りたいが修繕のことで揉めている今売るのは得策でもない気がしていて、どうすればいいかという悩みを抱えていたのです。

長く足場の掛かったマンション

本件はマンション管理士の資格を有している山本が担当しました。管理組合と販売施工側が協議中での売却は、タイミングとしては決して良いものではありません。まして補修が完了していない状態ですから、従来の相場よりも価格が低くなってしまう事態は避けられません。

そして何より具合が悪いのは、大規模修繕工事が開始して以降、協議中もずっとマンションには足場が掛かったままである点です。かれこれ2年近くマンションは灰色のネットに包まれているのですから、通りがかった方や地域の不動産会社にここは何か問題が起きているに違いない、きっといわくつきのマンションなんだろうと、悪い噂を立てられてしまうのは避けられません。このタイミングで売り出したとしたら、不動産会社からは問題のあるマンションだと素っ気無い対応をされますし、内見希望者が足を運んでくれても足場が掛かったままの外観に難色を示す可能性もあります。

このような状況で従来の不動産仲介会社に相談したら、担当者はおそらく今の状態では希望額よりはかなり値段を下げないと厳しい、今後修繕積立金が高くなる可能性もあるから、多少の値下げは我慢して早いうちに買主を見つけるのが得策だと説明するはずです。いち早く売却して手数料を稼ぐことをミッションとする不動産仲介会社ですから、この時点で二宮さんとは利害関係が食い違っています。二宮さんがとにかく早い売却を望んでいるのであればこの提案を受け入れられるでしょうが、なるべく高く売ることが最大の望みです。本当に今売るべきかという視点から、じっくりマンションとそこで起きている問題に向き合う必要がありました。

山本は、焦る必要はないと二宮さんに言い、現在行われている管理組合と販売施工側との話し合いが決着し、不具合の補修が終わって正確な建物価値が出てから売り出しを開始しようとアドバイスしました。肝心の協議のほうは、らくだ不動産のグループ会社であるさくら事務所がコンサルタントとして問題解決に取り組んでいたのですが、なかなか難航しており時間が掛かっていました。法律の観点でいうと、住宅品質確保法には販売会社や施工会社への瑕疵責任追及は建ってから10年までと規定されています。大規模修繕は13年目に行われたので、その法律の対象範囲外となってしまい責任を問うことができません。一方で、過失ではなく明らかな故意による設置ミスがあるため、これは民法における不法行為であるという指摘ができました。この民法の時効は20年であることから、そこを盾に管理組合サイドは抗弁する方針を打ち立てていたのです。

不具合の発覚からおよそ2年という、居住者の方々にとっては長い期間の忍耐を必要としましたが、協議の結果、修繕費負担は販売会社と施工会社が負うことで決着がつきました。さらにそこからようやく大規模修繕の工事がスタートとなり、さらに1年を要することとなりました。その間も当然、足場は掛かったままで、トータルで3年間もネットに覆われたマンションが都心の一等地に建っていたことになります。

第三者認定で安全性・健全性をアピール

大規模修繕が完了し、マンションから足場が撤去され、ようやく販売を開始しても問題ないタイミングとなりました。この時点でマンションは築16年目に突入していました。相談時よりも築年数を経たことにはなりますが、内見に来る方の心証を害する足場やネットはなくなりました。修繕途中よりも高い価格で販売できます。

これでようやく売れると安堵する二宮さんに対し、山本はここからが本番だと前置きし、第三者機関によるマンション検査実施を、マンションの管理組合に提案するよう言いました。

二宮さんは大規模修繕が完了した直後というのに、もう検査を行うのかと驚いていましたが、建築確認申請を担う第三者機関が検査に入ることで不具合が間違いなく解消しているという品質保証を得られます。さらに耐震等級も再び2を取り戻すことができ、これら調査結果を購入検討者に事前に提示することでマンションの価値をより感じてもらうようにする必要があると山本は考えたのです。不具合が発覚したことや修繕の過程は聞かれたら答える程度にして、わざわざこちらから提示する必要はないのではないかという二宮さんの意向でしたが、山本の意見は異なりました。

建物の過去を洗いざらいオープンにすることで、建物の健全性をアピールでき、購入検討者の安心材料とすることができます。それが資産価値に反映されて、売却価格も自ずと引き上げることができると考えたのです。

第三者機関による調査はマンション全体規模で実施するため、居住者の承諾がないと着手できません。管理組合にて議題に挙げてもらったところ、マンションの価値を引き上げる材料になるのであればと、速やかに承認されました。

ネガティブをポジティブに変える魔法

後日、さっそく建築士による調査を実施しました。修繕によって問題点は解決されていることが第三者機関によって証明され、落ちていた耐震等級も元に戻すことが叶いました。このタイミングでいよいよ売り出しをスタートします。価格は6800万円としました。大規模修繕が一段落してからの販売は功を奏し、レインズ掲載直後から反響は止みませんでした。

しかし問い合わせの仲介担当者は修繕にだいぶ時間を要していたようだが、本当に客に紹介して大丈夫なのだろうかと不安げな様子でした。もちろん、これは山本の想定内です。修繕の詳細な経緯や、第三者機関による調査結果の資料を渡すこと、内見時は山本が口頭の説明も行うため安心して検討してもらえるはずだと丁寧に伝えました。

山本のこの申し出は、想定どおり買主サイドにプラスに響き、本物件ならではの強みをアピールすることができました。検査が行われていないマンションは、不具合がないのではなく、不具合があるかないかが分からない状態です。対して本件のマンションは、過去には不具合があったものの、補修済みで安全であることが第三者機関の検査によって担保されています。

調査されていない建物と、調査して安全だと分かっている建物であれば、後者のほうがリスクは少なく、資産価値は大きいといえます。この点に安心と魅力を感じる方は多く、問い合わせから内見へとつなげることは比較的容易でした。

10組の内見申し込みがあり、現地では山本から、どういった不具合が発生し、どういった補修がなされて、修繕費の負担はどうなったのか、経緯を細かく説明しました。内見した10組のうち3組から購入の申し込みがあり、価格を競る形となりました。最終的には7100万円という最高値をつけた方に売却することとなりました。

販売開始から3週間弱ほどでの取引成立です。本マンションの売却実績としては過去最高の取引額でした。不具合の発見を安心材料につなげる。起きた事実を正しく把握し、修繕や検査など適切な措置を施して、ネガティブなポイントをポジティブに変えて売却する。マンション管理士をもつエージェントならではの個性的な提案による、魔法のような売却プロセスでした。

売り出しからこんなに早く、しかも購入時よりも1000万円以上も高く売ることができ、結果的に修繕が終わるのを待った甲斐もあって二宮さんは喜ぶというより、想像以上の高値で売れたことにびっくりしていました。一時は不具合発覚のせいでかなり安く見積もられていた物件です。売却タイミングの重要性を山本も再認識しました。

マンションの価値は「管理」が9割

マンションは建った直後はまだ完成形ではありません。仮完成の状態です。造るのは人間ですから、その大規模な工事の過程で必ず大小のヒューマンエラーが発生しているものです。ですから、使っていくうちに不具合を見つけていき、直していくことで初めて完成形へと至ることができます。

すなわち、居住して以降の行き届いた管理というものがマンションの将来にわたる価値と安全性を決定づけていくことになります。

本件ではマンションの管理組合がしっかりしていたことが重要な鍵を握っていました。不具合発覚の事実にめげることなく、粘り通して販売会社や施工会社に補償させる成果を勝ち得ることができたのは、管理組合の力が大きかったことは間違いありません。

積み立ててきた修繕積立金を無駄にしなかったため、資金は組合予算にプールされたまま、次へ繰り越せるわけです。修繕費積立金が突然引き上がるといったリスクも払拭されるわけで、これも今回は売り込み材料の一つとなりました。

管理組合がしっかりしているかどうかという要素も、マンションの価値を決めるうえでは重要な材料になるということです。むしろマンションの価値は９割方、管理で決まるといっても過言ではありません。

不具合発覚にも毅然とした態度で応対し、第三者の検査実施も認めた、管理組合のファインプレーがあったからこその、理想以上の価格での売却でした。

突破口は常識破りの提案力

住宅診断を通して不動産の真の価値を可視化、ネガティブだった側面をポジティブ化して販売した、２つの売却ストーリーは、いわば宅建士と建築士の連携によって、本当の価値を産出してから不動産を流通させるという、前代未聞の方法での売却プロセスでした。私たち不動産エージェントにとっても、そして不動産業界においても、大げさでなく意義のある売却手法であったといえます。

インスペクションのプロやマンション管理士をもつ人間のアドバイスがあったから

こそ、マイナス視されていた建物にプラスの価値をもたらすことができました。専門性なくして、枠にとらわれない常識破りのアイデアは生まれてはきません。そしてそのアイデアなくして、前例のない最高の不動産取引を成し遂げることなどできないのです。

不動産エージェントが大切にしている、売主の思いを汲み取る姿勢が、アイデア創出のきっかけとなりました。この不動産は本当にいいものだから、価値を分かってくれる方に買ってほしいという思いを売主と共有できたからこそ、不動産エージェントはその見えない価値を掘り起こそうと懸命にアイデアを練り込みました。不動産エージェントにとって、売主の不動産に込めた思いは、常識の壁を打ち破る強い原動力となるのです。

Chapter 3

徹底した現場主義／山本 直彌

どこに相談しても査定価格が希望額より低い……数カ月に及ぶ現地調査から導いた高値売却の新提案

利活用が困難な台形地

売主である三田さん（女性・60代※仮名）は、夫の死後に地方への移住を決意、相続した東京都墨田区の自宅を売却するため不動産仲介会社に声を掛けました。売却金は移住後の余生をのんびり過ごすための資金にする計画です。

当初は戸建て販売として広告を打っていたのですが、一向に申し込みは入りませんでした。三田さんの自宅は木造築30年、耐用年数の観点でいえば建物価値はほぼ0円になります。とはいえ劣化の度合いは少なく、リフォームを加えれば引き続き住むことは可能でした。

リフォーム前提での販売で売れない理由は建物の間取りにありました。2階建てだったのですが、1階部分では夫が健在だった頃に飲食店を営んでいて、住居部分は2階だけだったのです。このような凝った建物だと、一般的なファミリー層が住むにはかなり手が込んだリフォームが必要となり、費用が掛かるため敬遠されがちです。戸建て販売では売れないのは仕方のない話でもありました。

痺れを切らした三田さんは作戦を変更します。個人にではなく買取業者に買い取ってもらうため、不動産仲介会社を通じて5社に査定依頼を出すことにしました。査定はいずれも建物ではなく土地の価値だけを査定、高いところでも5000万円という価格で、三田さんの希望売却価格は7000万円だったため到底承諾できる価格ではありませんでした。

本当に5000万円の価値しかないのかと買取業者の見積もりに疑問を感じ、客観的なアドバイスが必要だと三田さんは感じました。そこでインターネットで「不動産セカンドオピニオン」で検索したところ、私たちの存在を知り相談に来ました。

本件は山本が担当しました。図面を詳しく見たところ、三田さんの不動産は200

平米という広大な敷地を有しており、本来であれば5000万円は安過ぎる価格です。なぜこのような買取価格になってしまうのかというと、それはこの土地の形状にありました。台形のような形をしており、仮に買取業者が買い取って建売住宅を建てて販売するとしても、建物は2棟、100平米ずつに分けるしかない形状だったのです。買取業者の査定価格は土地の形状を考慮すると仕方がないとも思えました。100平米ずつの2棟しか建てられず、しかし周辺の建売住宅の相場を加味すると業者としては販売価格をできるだけ抑えたいところです。そうなるとどうしても土地買取価格は低くせざるを得ないのです。

そう聞いた三田さんは、買取業者の査定に従うしかないかと肩を落とします。山本としてもまだその点に関しては明確な答えが出せずにいました。建売用地としては確かにこれが最適な活用法です。しかし用地にこだわらず広い視野でプランを練れば、もっといい土地の活用法が見えてくるかもしれません。さらに建売用地としてだけで見ず、視点を広げ、見方を変えることで、これまで不動産が売れなかった理由を消せるヒントが得られるかもしれないと考えた山本は、まずは不動産に関する情報を集めることから着手しました。

徹底した現地調査で答え探し

このケースにおいても、不動産仲介者による囲い込みの可能性は感じられました。買取業者に売るための見積もりを不動産仲介会社が請け負ったわけですが、見積もり作成を依頼した5社というのは仲介会社が日ごろから懇意にしている協力会社らしいと分かりました。つまり両手取引できる対象に絞って査定依頼していると考えられるのです。

そもそも買取業者へ売るのであれば、買取業者向けに土地だけの価格へ変更して改めてレインズに情報を掲載すればいいわけです。それをしないで水面下で話を進めているのは、囲い込み以外の何ものでもありません。

囲い込みから解放し、片手取引でレインズに土地だけの販売にて掲載すれば、5000万円より高く売れる可能性はあります。ただ三田さんが希望している7000万円に届くかというと、これはかなり厳しいです。

もしかしたらもっとうまく土地活用したプランニングを思いつくかもしれないと感じた山本は、まずは現地調査を徹底することから着手しました。

長方形や正方形の土地であれば、現地を見なくとも最適な売却プランは提案できます。しかし今回は台形という珍しい形をした土地で、200坪と広大です。

こういった答えの見出しにくい土地の運用については、デスクであれこれ考えてもいいアイデアは出てきません。何も先入観をもたず、売却しないという選択肢も解決策の一つとして視野に入れながら、現地調査をするのが山本の流儀でした。

改めて現地にて三田さんの建物を見たところ、築30年としてはきれいな外見と内装ではありましたが、やはり住居部分が2階のみというのはネックでした。不動産仲介会社が提案したとおり、建物は解体前提で土地だけの販売にするのが正しいように思われます。

ただここで一つの課題があります。1階部分ではもともと飲食店を営んでおり、業務用の設備がひととおりそろっている状態でした。これらは撤去時に特殊なプロセスを踏むことになり、解体費用は高めに見積もる必要があります。

その次に、土地周辺の調査を行うため三田さんの不動産がある地域ではどういったニーズがあるかをつかむため現地を歩きました。三田さんの不動産は最寄りの駅から徒歩6分ほどで、駅から同程度の距離にある土地にはどういった建物が建っているかを調べていったところ、アパートが多いことに気がつきました。さらに細かく、入居者募集中の看板が掲げられているかどうかも調べ上げてみると、古いアパートを除けばほぼすべてのアパートが満室状態のようでした。つまりこの地域はアパートのニーズがかなり高いことになります。

三田さんの土地もアパート用地として建てるのが最も最適な利用法なのではないかと、手応えを感じた山本は後日、役所へ向かいました。土地にはさまざまな規制があり、用途が制限されています。日当たりの関係で高さが制限されていたり、建てられる建物の規模が限定されていたりしないかなど、役所で情報を取得しました。その結果、建蔽率は60%、容積率は200%制限で、高さに制限はありませんでした。オーソドックスな条件であり、問題なくアパートを建てることができます。

これらの調査を踏まえて山本から三田さんへ、周辺に点在するアパートをマーキングした地図とともに結果報告と提案を行いました。

売却をせずに、アパートを建てて収益事業を営むという山本からの意外なアイデアに三田さんは驚いていました。普通の不動産会社であれば、売ることを前提とした提案をするはずです。売らなければ手数料が入らないのですから、売却は当然のゴールなのです。しかしエージェントは売主にとって最大の利益になる方法を探し提案するのが最善であるという理念を抱いています。これまでの相談先からは出てこないようなセカンドオピニオンを出すことができるのです。

現地調査の結果からアパートとしてのニーズは非常に高く、すぐに入居者がつき安定した収益をもたらしてくれることを説明したものの、三田さんは納得しません。本人が言うには、月々の収入が入るのはありがたい話だが、これから遠方に引っ越す予定で行き届いた管理ができるか不安なためやはり売却したいということでした。

三田さんの返答を受けて、山本はさらなる提案をしました。それは、これまでは建売用地として販売していたものを、アパートを建てるための収益物件として販売するというものです。アパート用の土地を探している方の目に留まれば、買取業者の査定価格よりも高値で売ることができるかもしれないと考えたのです。

具体的な手法については、まず広告の内容を変更します。アパート用地として買うとして、建物の解体費用はいくらになるか、どのくらいの規模を建てられるのか、さらに収益としてはいくらくらいが期待できるのかこちらで先手を打って参考値を出して、アパート用地を探している方への訴求力を高めるのです。

そのためにはさらなる現地での調査が必要です。三田さんの不動産の価値を高めるためには、この手間を惜しまないことが重要であることを山本は力説しました。その結果、三田さんは山本に引き続き調査を継続してもらい、準備が整い次第販売してもらうよう依頼したのです。セカンドオピニオンとして、意見を出す立場の関係から始まった縁ですが、山本の提案に納得してもらい、こちらで売り出しまでサポートすることが決まりました。

ターゲットを絞り込んでの売り出し

不動産を早くそして高く売るうえでポイントとなるのは、より多くの買い手候補に情報を届けるため、ターゲットを限定せず幅広い広告展開をすることです。これまでの売却事例ではまさしくその正攻法を行うことで、理想の買主を見つけることができました。

しかし今回の場合は戦略を変え、囲い込みから解放しつつもターゲットを絞り込んで販売する作戦に切り替えました。土地の形状が変わっており、効率的な使い方が限定されている土地ゆえの、一風変わった販売方法です。

アパート用地を探している方に本物件の魅力をどれだけ伝えられるかが勝負です。ターゲットは自己居住するのではなく、投資目的で土地を探しているのですから、それに見合った広告を作る必要があります。

そこでアパート建設のために必要な情報を販売資料として提供するため、山本は再び現地調査に乗り出しました。第一段階は周辺地域に建っている建物など「見える部分」の調査に終始しましたが、今回は表面的には「見えていない部分」の調査が主体となります。

まず土地のさらに詳しい調査です。水道やガスの配管について調べ上げました。さらにアパートを建てるならどのような間取り設計が望ましいかを考えました。付き合いのあるアパートメーカーに協力を要請する一方で、周辺アパートをより深く調べ、不動産情報サイトなども参考にして、単身者向けのワンルームにするべきか、1LDK以上のファミリー向けとするべきかを検討しました。

その結果、ワンルーム2階建て全10世帯のアパートを建てるのが最適であるという参考値を出すことができました。これならダイヤモンドの特殊な地形を最大限有効活用でき、なおかつ他の物件と比較しても遜色ない収益を出すアパート用地になると判断できました。

さらに再び役所へも足を運び、アパートを建設するうえで広さや素材など、条例による制限あるいは緩和措置がないか調べました。とはいえどのような条例が適用されるか、一つひとつ地道に調べ上げるのは至難の業です。そこでちょっとした裏技として活用するのが、本物件周辺に建っているアパートの「建築計画概要書」です。

建物計画概要書はすべての建物建設に必要な建築確認申請の際に提出する資料のことで、建築計画の概要を記している書類です。そこには建設時に適用された条例も記載されており、周辺アパートの建物計画概要書を閲覧することで今回のアパート建築プランのケーススタディにすることができるわけです。役所に保管されるものなので、土地建物を所有する発注者や施工会社だけでなく、然るべき手続きを取れば誰でも取得閲覧できます。

山本は近隣の単身者向けで築年数の浅いアパートについて、建築計画概要書をいくつか閲覧、建設時に適用された条例を調べました。その結果、三田さんの土地にアパートを建てるうえで特殊な条例が適用されることはないことが分かりました。

これで自信をもって10世帯の2階建てアパートが建設できる用地であると広告にアピールできます。アパートメーカーの協力から割り出した建設費用や家賃収入も盛り込むことができます。アパート経営するうえでランニングコストとなってくる固定資産税や電気料金の目安についても、売主から過去の支払い状況を聞き出したり、専門家の知恵を借りたりしながら、参考値として出せるものを用意しました。

アパート建設と経営に関する参考値がひととおりそろったので、続いて解体費用です。解体費用は売主が負担するのが基本となります。もし正確な解体費を考慮せず販売価格を決めてしまうと、相場の価格と大きく乖離してしまうことが考えられます。正確な解体費を織り込んだ価格にて販売する必要がありました。

そこで山本は解体業者に見積もりを依頼し、一緒に現地にて建物内を回って、できる限り正確な解体費用を見積もっていきました。ここに時間とコストを掛けられるかどうかで、後々の成約価格はかなり変わってきます。単なる空き家の撤去とは異なり、今回は特殊な設備の多い建物でしたので、解体見積もりはなおさら重要でした。

解体業者から出てきた解体見積もりは300万円です。やはり特殊な設備が多い建物なので解体費用は高め傾向でした。この300万円分を相場価格から差し引きます。

山本の現地調査と専門家の協力を得て参考値をできるだけ集めた結果、解体費用を見込んだうえでの販売価格は7500万円としました。

販売資料は完全にターゲットを絞り、アパート用地を探している方向けの情報を充実させました。解体費用の参考見積もりはもちろんのこと、10世帯のアパートの建築費用と図面や想定できる家賃収入、初期投資費用を何年ほどの運用で回収できるのかも参考値として出していきました。固定資産税など月々のランニングコストも詳しく載せました。

当初査定の1・5倍で売却！

当初の査定では5000万円程度の販売価格だった本物件ですが、ターゲットを絞って販売することで、7500万円の売り出しでも問い合わせは次々寄せられました。その多くは、アパート経営に最適な土地を探している顧客を抱えている不動産仲介会社からのもので、山本の思惑どおりの反響です。

そんななかで、ある不動産仲介会社から今すぐにでも内見したいといっている顧客がいる旨の連絡がありました。買い手候補の方と、その方の不動産仲介担当者、そして山本の3人で現地にて内見を実施しました。

買い手候補サイドだけで内見してもらうこともできましたが、あえて山本も同行をすることを選びました。買い手と売り手で仲介者が分かれている片手取引の弱点は、仲介者経由でやり取りするのが主流となるため、買い手候補に直接アプローチができないことです。そこで現地を一緒に回りつつ、買い手候補に直接アピールする時間を設けることで、不動産のより詳しい説明を徹底し、魅力アピールに努めました。山本の同行は売主である三田さんにとってはもちろんのこと、本物件の知識に乏しい買い手候補の仲介担当者にとってもプラスであり歓迎材料です。

現地では建物の解体に関して詳しく説明をしつつ、アパートメーカーから提案された土地に合ったアパートの見積もりの詳細な資料も提供、さらに周辺の状況も一緒に歩きながら確認しました。このときに大活躍するのが、山本が当初行った現地調査の結果です。地図に単身者向けアパートだけマーキングしているものを買い手候補に見せ、どれだけのアパート需要があるかの根拠を現地と照らし合わせつつ示していきました。

これだけの資料が調っていれば、買い手候補も自前で調べる手間はほとんどありません。あとは想定に近い初期費用と見込み収益が実現できているかを再確認すればいいだけです。山本が用意した各資料が即決材料となったのか、内見を行ったその日の夕方に、購入申し込みがありました。販売開始から1カ月ほどの、予想以上に短期間での売却達成でした。

引き渡し後、すぐに解体作業が行われ、アパートの建設が始まりました。こちらが参考値として見積もり依頼した解体業者やアパートメーカーは利用せず、買主の方で発注を行い工事に進んだようです。解体から建設まで同じ業者に依頼することでよりコストを抑えたのかもしれません。つまり山本が提出した資料以上の低コストでアパートを建てられたことが考えられます。参考値以上の収益率を出せているのであれば、買主も満足な買い物ができたと喜んでいるはずです。

三田さんももちろん大喜びでした。当初は5000万円の査定だった不動産が、1・5倍の7500万円で売れたのですから、これほどうれしい誤算はありません。セカンドオピニオンとして相談に来られてから、アパート用地として売り出し開始するまで3カ月、回数にして10回に迫る三田さんとの綿密な打ち合わせが大きな実を結んでくれました。

現地に足を運んで初めて見えてくる「正解」

本件は土地活用のしづらい物件ということで、徹底した現地調査なくして、アパート用地として売却するという最適な解決策を導き出すことはできませんでした。

単独で現地を巡ること数回、役所へ足を運び解体業者と不動産をくまなく調べたり、アパートメーカーと現場を歩きながら建物イメージを固めるなど、現地まで足を運んで答え探しを続けていたからこその理想の売却でした。

売れない理由を一つひとつ消化していくことで、不動産は自ずと売れる物件へと変身していきます。その売れない確たる理由が明白でありながらも、それを消化するのに必要な正解が見えてこないとき、山本は徹底して現場を歩くようにしています。このような方法論を編み出したのは、過去にある失敗を経験したからでした。

ファミリー向けの戸建て用地で立地が非常に優れていて値段もリーズナブルながら、なかなか買い手がつかない物件がありました。こんなにいい物件がなぜ売れないのだろうと不思議に思い、現地へ足を運んだところ、すぐに答えを見つけることができました。

物件の目の前は広い道路が通っていたのですが、そこまでの道のりに軽自動車がぎりぎり通れる程度の狭い道路があったのです。これでは戸建て1階のガレージにファミリーカーを車庫入れすることはできません。おそらく内見者が仲介担当者と現地へ足を運んだときも、この細い道の手前で車を停めて、歩いて現地まで向かったはずです。これでは物件への印象も良くなく、大きな車を置けない家なんていらないと購入検討対象から外されてしまうのは当然の話でした。広告では車を複数台置ける車庫を売り込み材料としていましたが、完全な机上の空論だったわけです。

他にも、駅近物件と思っていたもののルート上に信号が多くて不便な物件や、坂道のアップダウンが激しく体感で倍以上の移動距離がある物件など、現地を歩いて初めて売れない理由に気づくケースに幾度となく出合ってきました。

これら売れない理由を解消するには、売り方のアプローチを変え、別の角度からメリットを見つけアピールしていくのが得策です。その明確な答えもまた綿密な現地調査によって見つけることができます。ときには今回のように、販売するターゲットを変えて、あえて絞り込むことで売りにくさのハードルを跳び越え、期待以上の高値で売却できることもあります。

このような経験をいくつもしてきたからこそ、山本は徹底的に現場主義を貫いています。売れない理由を解消するヒントを見つけたいなら、まずは現地調査からです。

Chapter 4

人並外れた交渉能力／小池 正也

「売りたい」ｖｓ「建てたい」……
相続トラブルを円満解決に導いた丁寧なヒアリング

相続不動産で意見が対立した姉弟

四谷さん（男性・50代※仮名）は同居していた父が亡くなり、100坪の広大な実家を相続することになりました。四谷さんには別所にお住まいの姉がいて、母はすでに他界しています。土地建物は姉との半分ずつの持分で「相続」となります。

四谷さんとしては引き続きこの土地に住むことを望んでいました。ただせっかくの広大な土地なので、建て替えをし自宅兼アパートの賃貸併用住宅を建てようと画策しました。賃貸部分の収益は姉と分け合うかたちです。

ところが姉は猛反対します。土地を売って現金化し、きっちり半分ずつ分け合いいたい意向でした。売りたい姉と建てたい弟、意見が完全に対立してしまい、このままでは平行線をたどるだけです。身内だけでは解決の糸口がつかめず、いくつか不動産関係の会社に相談してみることとなりました。

不動産仲介会社に相談したところ、いの一番に出てきた言葉が「売りましょう」というものでした。後々のトラブルを解決するには、いったん売って資産を分け合い、きれいさっぱり精算するのが最善であるという助言でした。自身の意向を無視された不動産仲介会社の売却提案に四谷さんは不服でした。

そこでハウスメーカーも訪ねたところ、こちらの提案は四谷さんの希望をすべて取り込んだうえで、建て直して収益物件にするというものでした。しかし姉との折り合いの付け方や税金面などについての質問を投げかけたところ、それについては専門ではないのでお答えできないという、なんとも投げやりな言葉が返ってきてしまいました。

不動産仲介会社とハウスメーカー、いずれも0か100かの極端な意見です。不動産仲介会社にとっては全部売ってしまったほうが手数料は最大化できますし、ハウスメーカーにとっては大きな建物を建てたほうが利益は大きいです。自分たちの利益優先な営業の気がして釈然とせず、納得できませんでした。

さらに別の不動産仲介会社にも相談し、事情も詳細に説明したところ、土地はとりあえず売ってしまい、売却金の半分をお姉さんに渡し、残りの半分で別の土地を買って賃貸併用住宅を建てるのはどうかというプランが出てきました。現実的な意見ではあるのですが、四谷さんとしては慣れ親しんでいない地域に移り住むリスクを払拭できませんでしたし、代々受け継がれ生まれ育ってきた場所を引き払うことに抵抗感も抱きました。

姉弟双方の意見を取り入れた最適なアイデアが出ず途方に暮れていましたが、ふと不動産に強いところよりも、相続に強いところに相談するのがいいのではと思いつきました。周りに相談したところ、相続の悩み相談セミナーを定期的に開催している私たちの噂を聞き、相談へ来られました。

相続トラブルの解決策はケースバイケース

本件は、相続に関連した案件に多く携わってきた小池が担当しました。親から不動産を相続したけれど、その処遇について相続人の間で意見が対立し揉めているという相談は近年非常に多く寄せられています。

相続した不動産が空き家、空き地であった場合、手間のかからないオーソドックスな着地点として、相続人たちによる共有不動産として引き続きもち続けるという案があります。しかしこの場合、不動産を誰が管理するのかとか、固定資産税など税金は誰がどういう割合で負担するかなど、共有状態に紐づいた課題がいくつも表面化し、相続人たちの間で話をまとめるのは骨が折れます。さらに次の代に相続されたとき、その共有関係はより複雑化し、誰が何割の持分なのか不明瞭になったり、音信不通の相続人なども出てきたりする事態になり、一層こじれていくことになります。長く空き家のままにした場合は老朽化による倒壊の危険性も考えられ、相続による共有不動産を起因とした空き家問題は近年社会問題として深刻化しています。

つまり、とりあえず共有にしようという発想はいわば問題を先送りにしているに過ぎないわけで、お勧めできない相続不動産の処遇です。四谷さんの場合、「手放す」「住み続ける」で意見が完全に対立しているため、共有不動産にする選択肢はあり得ませんでした。今すぐ不動産の処遇を決めるべきでしたが、解決案の候補はいくつか思い浮かびます。

事前に相談していた不動産仲介会社の売却プランや、ハウスメーカーの収益物件建設プランも解決策の一つですが、姉との対立関係を乗り越えなければ、これらを採用することはできません。専門的な対処法として「代償分割」があります。相続した土地ではなく、相続分に該当する現金を代わりに用意して共有関係を解消する方法です。今回の件に当てはめれば、相続分に該当する代償金を四谷さんから姉に渡して、四谷さんは土地を丸ごと相続することになります。これならどちらの希望も満たすことができます。

この方法は小規模な不動産の相続であれば現実的なのですが、今回の場合は100坪という広大な土地です。しかも立地もかなり優れており、相場からおよそ2億円という実質的評価となっていました。つまり四谷さんから姉へ1億円を代償金として渡す必要があります。両者の希望に添えられる理想の解決策ですが非現実的だったのです。

相続した財産で揉める例は多く、しかもケースは細分化されており、最適な解決方法はケースごと千差万別です。オリジナルのカスタマイズが必要であり、担当者の経験と知識次第で結果が大きく変わってきます。こじれてしまうと裁判沙汰にまで発展することもあるので、デリケートな対応が必要でした。

そもそも相続に関連した問題は、金額や資産云々とは別のところにこじれる要因があるものだという事実を小池は経験から熟知していました。それは人の感情部分に起因しているものであり、相続した各人の譲れない気持ちが衝突し合うことで、相続問題は必要以上に肥大化しているものなのです。

すなわち、対立している両者の意見にきちんと耳を傾け、思いを汲み取ることで、具体的な解決策が見えてきます。そこで小池からいきなり解決策を提示せず、四谷さんだけでなく、姉からもヒアリングしたいと提案をしたのです。

客観的な立場で本音を聞き出す

小池の会いたいという要望に対して、姉の反応は芳しくありませんでした。相手方の不動産屋が会いに来るとなれば、相手のいいように話を運ばれるのではないかと、警戒心を抱かれるのは無理のない話です。

当事者同士が面と向かい合うと感情が先行し話が進展しないため、代理人を立てて解決の道を探るのは、相続に限らず争議ではよくあることです。しかし話し合いの場すら設けられないようでは、前に進むことができません。姉の警戒心を解いてもらうことが第一の重要なステップとなります。

そのためにエージェントがとるべき作戦はとにかく粘ることです。あくまで自分は中間的な立場であり、偏ることはないという姿勢を真正面から訴えかけることを心掛けます。

誠心誠意、思いを伝えること数回、ようやく直接お会いする機会を得ることが叶いました。そして相続した不動産や弟に対する率直な気持ちを引き出すことができたのです。姉にはどうしても我慢ならないことがありました。これまで、実家をリフォームする際や外壁などの手入れを行う際、姉が修繕の費用を肩代わりしていたのです。いずれ返してもらう約束で費用を出したのに、父や弟からは音沙汰なく、一円も返されないままという状況でした。

この事実は正式な取り交わしをしていたわけではないものの、四谷さんは姉から借金をしていたことを意味しています。姉としては自分が育ってきた実家だからとこれまで黙認をしてきましたが、今回の件で我慢の限界に達したといいます。

これまで固定資産税は親が支払い、四谷さんは住まいに関して一円も払ったことがなかったとのことでした。一方で修繕費用は姉が肩代わりしており、弟がこれからも住み続けようとしているなんて納得できないと不公平を訴えるのも当然の話でした。借金の話が決着しない限り、姉の怒りは収まりません。相続云々よりも、まずはこの問題を解決する必要があります。

不公平に感じて怒るのはもっともだと小池が客観的な立場から所感を述べると、姉は弟には親の面倒を見てもらっていたという感謝の気持ちもあることを明かしました。さらに話をこじらせたい気なんて毛頭ないことや、これまでのことはこれまでのこととして、受け継ぐものを均等に分けて終わりにしたいと話したのです。

後日、小池は四谷さんに姉との話し合いの内容を報告し、事実関係を確認しました。姉から借金していたことは事実で、しかも金額はかなり大きく、四谷さんの手持ちでは返すことのできない額でした。

お金の貸し借りが解消されないまま、弟が実家の土地に住み続けるのは納得できないという姉の本音を知った四谷さんも、自分の意見を無理やり通すことが困難であることを十分に理解したようでしたが、一方で土地を手放したくない気持ちは譲れない様子でもあります。

姉としては、相続資産をきっちり二分したい意向です。四谷さんにも姉にも譲れない部分があり、どちらも主張は正しいです。とにかくここは相続した資産をきっちり半分ずつにできる方法を探す必要があると小池は考えたのです。

専門家の協力で見極めるベストな土地の分け方

1カ月程度の期間を要しましたが、小池は今回の相続問題に対処する最適な解決策を四谷さんに提案しました。それは土地の分割を行い、片方は売却して姉の取り分とし、残りを四谷さんの分として賃貸併用住宅を建てるというものです。

四谷さんが100坪のうち50坪を売却するのかと尋ねると、小池は首を横に振りました。そして土地を半分にすると望んでいる自宅部分の間取りと賃貸部分の収益、両方を確保できる物件を建てることができなくなってしまうと説明したのです。また時間を掛けて吟味したのが、四谷さんの理想の建物を建てるのに必要な敷地面積です。まず税理士やファイナンシャル・プランナーなど専門家の力を借りて、四谷さんにとって無理のない融資が組めて、なおかつ最大限の収益が見込め、節税にもつながる賃貸併用住宅の要件を洗い出しました。続いて、建築士の資格をもっている小池がこの要件を満たす大まかな建物の設計を行い、逆算して必要な敷地を見積もりました。これら叩き台の資料をハウスメーカーに持ち込み、より具体的な建物図面を固めていったのです。その結果、60坪の土地が必要であると算出できました。100坪のうち60坪ということは売却分は40坪です。

半分以下の敷地が1億円で売れるのかと四谷さんは不安そうでしたが、土地全体のうち環境や立地的に優れている部分を切り取れば、50坪未満でも1億円の価値が見込めました。四谷さんが相続した土地は広大で、2億円の価値があるという概算でした。しかしちょうど真ん中で分割したところで、どちらもちょうど1億円ずつの価値があるわけではありません。大きな通りに近い側もあれば、閑静な住宅街に面している側もあります。そこで周辺の実際の取引事例も参考にし、この地域で土地を購入する層が建てる家の規模なども詳しく調査したところ、価値の高い側の敷地40坪を売却すれば1億円に達する目処が立ったのです。

思いを一つにまとめるエージェント

姉にも同様の提案を行ったところ、すぐに承諾の返事をもらうことができました。許可をもらった直後に1億円での売り出しを開始します。販売の仕方は通常どおり、レインズに広告掲載区分を「可」で登録、取引実績のある不動産仲介会社にも積極的に声を掛け広告を仕掛けてもらうよう要請しました。ハウスメーカーの協力で土地に建てられる家の規模や想定される建築費用を出せていたので、こちらも参考として広告に載せました。単なる土地販売の広告にとどめず、その先にある土地活用の一例を見せておくことで、注目度と購買意欲を高めることが狙いです。

立地が優れていることもあり、姉所有の土地はすぐに買い手がつき売却が決まりました。四谷さんの賃貸併用住宅の建設工事もスムーズに進行し、数カ月後には想定どおりの収益と自宅間取りを有した建物を建てることが叶いました。

両者の意見を尊重した理想の折衷案だからこそ成し遂げられた最高の結末です。土地をすべて売るか、あるいはすべて利用して収益物件を建てるか、どちらか極端な手段を取っていたら、四谷さんか姉のどちらかが不服を抱えたままで、事態がさらにこじれてしまっていました。

実のところ、エージェントに入る報酬の話でいえば、全部売ったほうが手数料が多く取れる計算です。しかしそれは四谷さんサイドの幸せを無視した暴挙です。最初からそのアイデアはもたず、関わるすべての方の幸せを最大化することに力を注いだからこその、今回の円満解決でした。

相続で揉めるときにはさまざまなケースがありますが、共通している真因は相続人たちの思いがバラバラになってしまっている点にあります。今回のケースでは姉弟2人の意見の衝突でしたが、相続人が多ければ多いほど事態は複雑化し、当事者同士だけでは到底片付かない問題に発展しがちです。相続がきっかけで関係が悪くなり、身内でありながら関係の修復が困難になってしまう悲劇を招くことも少なくありません。

当事者間では感情のぶつけ合いになってしまうのであれば、全員の本音を聞き出せる立場をおくことが解決の糸口となります。中立の立場を貫くことを約束し、それぞれの主張を引き出し整理したうえで最適な解決策を提案することで、本件のような円満なゴールを迎えることができます。相続に対する豊富な経験と知識、そして何より相続人たちの本音を引き出す小池の交渉力は欠かせませんでした。

四谷さんのケースの実情を明かすと、100坪丸々で賃貸併用住宅を建てるのはあまり得策とは言えませんでした。なぜなら、相続する際には相続税の特例（小規模宅地の特例、貸家建付地の評価減など）が受けられますが、それらはあくまで相続が発生してからの話となるからです。今回の場合、すぐに四谷さん自身が亡くなり次の世代への相続が発生するという想定は現実的ではありません。つまり、相続税対策以上に日々の収支を考えるほうが重要だったのです。

こうした事情も勘案して、100坪丸々使った計画案や収支計算書に疑問を感じたエージェントが自分自身のもつネットワークを活用し、税理士など専門家のアドバイスを参考にしながら相続税に偏らない的確な節税対策を考慮し、土地分割を提案したのです。

もし専門的な知識が乏しい先に依頼してしまうと、相続税の圧縮にはなるものの相続が発生するまでの支出等を見逃してしまう可能性が考えられます。例えば、マイナス資産を形成することで相続税を減らすことができるため、ローンを組んで収益物件を建てようという担当者の営業トークはよくあります。この言葉に促されるままアパートを建てると、相続税対策は十分だが相続が発生しない限りは想定以上の出費が発生する、といった悲劇を招く場合もあります。

大きな資産の相続には相続税が付きものであるため、ついつい相続税のみがフォーカスされがちです。しかし実際には、相続税対策と銘打って賃貸住宅を建てたはいいが、思ったほど収入を得ることができずに日々の収支が回らず、売却したいという相談も少なくないのです。

このように、売主が最大の利益を得るにはどういった戦略が考えられるか、その利益を得るうえで弊害となる課題はないかと細部にまで気を配って、時間を掛けて対策を立てていくことで、初めて売主の利益を最大化できるのです。

「相続する資産が少ない＝揉めない」という虚構

裁判所の司法統計によれば、令和2年度に遺産分割の争いになった遺産総額は、5000万円以下が42・9％、1000万円以下が34・7％です。これは、相続で揉めて裁判沙汰になっている案件のうちの実に4分の3が、5000万円以下の資産規模ということを意味しています。

今回の相談事例では2億円という大きな資産でしたが、むしろこの規模で揉めるのは珍しいほうです。大きな資産をもっている家は早めに対策を講じていることがほとんどだからです。

自分はそんなに資産がないし、相続で揉めることはないだろうと当事者意識の薄い家庭ほど、相続で痛い目を見ることになります。相続したら売って均等に分けよう、収益物件にして収益を分け合おうとあらかじめ相続人たちの間で決めていたとしても、想定外のトラブルに直面することもあります。

例えば収益物件を建てようと画策していたところ、土地の状況を詳しく調べてみたら地下に水道管が通っていて大きな建物が建てられない事実が発覚する、というようにもっと早く知っておけばと後悔するケースも珍しいことではありません。作戦変更するにも再度相続人たちが集まって議論する必要になり、意見を改めてまとめ上げるのに苦労することになります。

実は親は再婚で、前のパートナーとの間にも子どもがいた、といった希少なケースもあります。生前に親から直接聞くことができていればいくらでも対策できるのですが、事情があって打ち明けられないこともしばしばあり、これが原因で相続時に難題となって立ちはだかることになるのです。やはりもっと早く知っておければと後悔することになるパターンです。

相続で揉めないコツは、相続前の相続する側と相続させる側、双方がそろっているうちにきちんと話をつけておくことです。

関わる方たちの思いをすべて汲み取ることが相続の円満解決を導きます。相続が発生する前であれば、継ぐほうと継がせるほうそれぞれの本音が聞けるので、対策の選択肢もたくさん用意でき、より最適化された解決策を導くことができます。また、相続発生前にじっくり準備を進められるのでもっと早く知っておけばという後悔を喫せずに済みます。

ときにはエージェントから何もしないのがベストな相続対策だと提案することもあります。これは保険会社や不動産関連会社への相談だと、なかなか出てこない結論です。相談者の悩みを解決する最善の方法は何かにとことんフォーカスするエージェントだからこそできる提案なのです。

たとえ資産が1000万円以下のものであっても、後々のトラブルを回避するため、そしてそれぞれの思いを等しくするため、早めに相談すべきです。不動産エージェントであれば各人の思いを把握しながら、持ち前の交渉力を駆使して、総合的に判断して皆さんが幸せになれる解決策を提示できます。

Chapter 5

エモーショナルな理論派／村田 洋一
投資用物件を手放したい……
売主を半年間も待たせてまでこだわった売却利益の最大化

不労所得のはずだったワンルーム投資

後藤さん（男性・40代※仮名）は7年前に東京都世田谷区の新築ワンルームマンションを投資目的にて購入しました。担当したマンション販売会社営業員から所得税や住民税の負担を減らせるので節税につながることや、団体信用生命保険に入るのでいざというときの生命保険代わりになるといった営業トークにつられての、35年フルローンを組んでのワンルーム投資でした。

好立地の物件につきすぐに入居者が決まりました。家賃収入から維持費やローン返済額を差し引いた利益が月に1万円弱ほど入るようになり、幸先のいいスタートを切ることができました。

しかし投資開始4年目くらいには収支がちょうど同額になり利益ゼロ、さらに5年目に突入した瞬間、収支が逆転し赤字となってしまったのです。家賃収入は新築時と変わらないのになぜ赤字に陥ってしまったのかというと、管理費と修繕積立金が原因でした。一般的に管理費と修繕積立金は新築時から年を追うごとに高くなっていく傾向です。その点を販売会社は販売当時十分に説明できておらず、事前の把握と対策ができていなかったため、後藤さんは想定外の事態に直面してしまったのです。

ワンルーム投資開始後に結婚、子どもも生まれ、自宅の住み替えや教育費などさまざまな費用が掛かるライフステージへ突入し、赤字を垂れ流しているワンルームが頭痛の種となってきました。早く売ってスッキリしたいと焦る気持ちを抑えられない様子で、私たち不動産エージェントのところへ相談に来ました。

売るに売れない金銭事情

後藤さんは当初、東京都世田谷区の人気物件だから売却すれば問題はすぐ決着するだろうと楽観視していました。購入時の販売会社も「売るときにはきっと買った以上の高値で売れますよ」を売り文句の一つとしていたくらいです。

私たち不動産エージェントのもとへ駆け込む前に、後藤さんはいくつかの不動産会社に査定を依頼していました。ところが査定価格は1900万円と衝撃の金額だったのです。

購入時のローンがまだ2300万円ほど残っていたのですが、購入時の価格どころかローン残債より400万円も低い価格をつけられてしまいました。ローンを完済したいのであれば、不動産を売却し、さらに不足分の400万円をどうにか捻出しなければなりません。本件を担当した村田は、後藤さんの落胆している様子を見て、少しでも高く売れるようなアドバイスができないかと思案しました。

しかし本物件はエージェントの頭を非常に悩ます一件でした。今回は投資目的のワンルームマンション、収益物件です。買い手候補も当然、収益物件としての価値を見極めてから購入を検討する投資家になります。となると、不動産の売却価格を決定づけるのは家賃になるわけです。売却方法にいくら工夫を凝らしても、家賃が据え置きのままでは、売却価格を引き上げるのは厳しい状況でした。

不動産エージェント独自の経験やネットワークを活かしたとして、どんなに頑張っても1950万円程度というのが、最初の段階での見積もりでした。他社と50万円程度の差しかつけることができません。このことを正直に伝えると、後藤さんからため息交じりに債務整理を検討していると明かされました。

マンション投資に失敗した個人投資家が債務整理するケースは珍しくありません。実のところ高収入世帯ほどその結末を招きやすいのです。高収入であるがゆえにローンが通りやすく、複数の収益物件を取得した挙句、後藤さんのような赤字物件を多数抱える事態になってしまうのです。

債務整理によって債務の減額や返済義務の免除など、いくつか恩恵は受けられるものの、一定期間は新しくローンが組めなくなるといった制約も生じることになります。後藤さんにとって債務整理は心身への負担が軽くなる即効性は見込めるものの、これからのライフステージを考慮すると得策ではありません。

利益を生む商品だと思っていたものが実は赤字を生むものだった、しかも金銭的な事情で売れないという窮状です。そのショックと後悔の大きさは計り知れません。まさに藁をもつかむ思いでの、不動産エージェントへの相談だったのでしょうが、即興で画期的な解決案を出すことができませんでした。なんとか1950万円を上回る価格で売れる方法はないか、村田の模索する日々が始まりました。

エージェントからの意外な提案

村田が大きな懸念材料ととらえていたのが、ワンルームマンション投資がサブリース契約になっていたことでした。サブリースは簡単にいうと又貸しのことです。不動産所有者がサブリース会社と契約を結び、さらにサブリース会社が入居者を募集し賃貸契約を結ぶような、2階層の契約形態となっています。ちなみに厳密には不動産所有者とサブリース会社との間で交わされる契約形態をマスターリース、サブリース会社と入居者の間で交わされる契約形態をサブリースというのですが、ここでは2階層の契約形態を一括してサブリースと総称していきます。

入居者募集や管理などいっさいの賃貸業務を一括委託できる手軽さが、サブリースの魅力です。一方で、サブリース会社が手数料を取っていくため、不動産所有者への実入りが少なくなるデメリットもあります。

本件のワンルーム投資においては、サブリース会社が間に入っていることで、投資先としての価値が下がり、売却価格が低く見積もられている傾向となっていました。後藤さんに入る家賃収入は8万円となっていたのですが、これは相場から勘案するに明らかに安値だったのです。

サブリース会社が1万円ほどの手数料を取っているのだろうという予測が立ったのですが、サブリース会社と入居者がいくらで賃貸借契約を結んでいるのか、こちらでは把握することができません。仮に手数料分を上乗せした9万円の家賃見込みで、物件を購入検討者にアピールすることができれば、売却価格を引き上げることは十分可能です。

周辺の家賃相場や市場動向、サブリースに関する契約事項など、さまざまな角度から深掘りし、村田はある作戦を練りました。そして、2回目の面談の場で開口一番に今すぐの売却はやめようと提案したのです。

サブリースのしがらみを解く

村田の予想外の提案に、後藤さんの顔がみるみる紅潮していきました。すでに何カ月も赤字を重ねている不動産です。今後も売らずにもっていれば、管理費や修繕積立金は高くなる一方ですし、資産価値も下がっていきます。だからこそ他の不動産仲介会社は早く売るべきと口をそろえて提案していたわけです。にもかかわらず、村田は売らずにもっているべきと主張するのですから、後藤さんが怒るのも無理のない話でした。

村田の意図は、売却価格を安くしてしまっている障壁を一つひとつ崩していくことで不動産の魅力を引き上げるプランを提案したいというものでした。そのプランを成し遂げるには少し時間を要するため、今は売らずにいようということです。

売らずに待てば本当に1900万円よりも高くなるのかという後藤さんの念押しに対し、深くうなずいた村田は詳しい説明を始めました。第1ステップがサブリース契約の解除です。サブリース会社が入居者から家賃を受け取り、手数料が抜かれて後藤さんにお金が入ります。この流れを打ち切り、後藤さんと入居者の間で直接の賃貸借契約を結べば、手数料がなくなるため家賃収入額を底上げすることができると説明しました。

後藤さんは一定の理解を示しましたが、簡単にサブリース契約を解除することなどできるのかと疑問を口にしました。確かにそこがネックです。サブリース会社との契約に規定が明記されている場合であれば、解除できる可能性はあります。ただし、明記されていてもサブリース会社によっては強硬に解除に応じないケースも多いのが実状です。過去には法廷闘争にまで発展した挙句、結局解約には至れなかった判例もありました。

しかし村田が詳細に調査したところ、後藤さんが契約したサブリース会社では解約の前例がいくつかあり、契約内容と照らし合わせても解約できる可能性が十分に考えられたのです。後藤さんの場合、半年後にサブリース会社との契約が更新される契約内容となっていたため、このタイミングで契約打ち切りとできるようサブリース会社に解約を打診しようと持ちかけました。

後藤さんとしては一刻も早くワンルームを手放して楽になりたい一心でしたから、村田からの提案には当初、半信半疑の反応でした。しかし村田の論理だった丁寧な説明が終わる頃には動揺はすっかり消え、決意の表情へと変わりプランに納得してくれたのです。

村田からのアドバイスを参考に、後藤さんはさっそくサブリース会社との解約交渉に乗り出しました。交渉は難航することなくスムーズに進み、こちらの狙いどおり半年後に解約できることが決まったのです。解約手続きの過程で判明したのはサブリース会社の手数料です。村田の予想どおり、1万円の手数料を取っていました。

これにより家賃収入9万円想定で売り出すことができ、不動産の価値が上がるため後藤さんは大喜びです。この段階でもう一度査定を行ったところ、2160万円という価格が算出できました。まだローン残債を返しきれるほどではない価格だったことを受けて、喜びも束の間、落胆する後藤さんに向けて、村田はこれから売却価格を上げるための第2ステップに入ると告げたのです。

投資物件としての魅力を引き上げる第2ステップ

村田から提案した第2ステップは入居者（賃借人）との家賃交渉でした。サブリース会社との契約が解かれる半年後は、ちょうど入居者との更新タイミングだったため、この機会に家賃の値上げ交渉を行うべきだと判断したのです。

値上げ幅は5000円に設定しました。これは現行より5000円高い9万5000円が相場から判断する適正な賃料であることをこれまでのリサーチによってはじき出していたのです。後藤さんはそのような交渉をしてもいいものなのかと少し躊躇している様子でしたが、家賃が相場とずれている場合、更新時に交渉できる旨が賃貸契約書のなかに書かれているため、交渉の余地は十分にあることを念押ししました。

また仮に値上げを拒否された末に賃貸契約解消となっても問題ないことを強調しました。また改めて9万5000円で入居者募集をかければ、適正な相場であることに加え、立地も抜群であることからすぐに入居者が決まる自信が村田にはあったのです。

どちらに転んでもリスクにはならないことを時間をかけて説明したところ、このアドバイスが安心材料につながったのか、自ら交渉することに躊躇気味だった後藤さんも後日すぐに交渉に着手しました。

まず電話にて入居者に値上げ要請の旨を伝え、その後は直接会っての交渉を行いました。村田から後藤さんへポイントとして伝えたのは、必ず記録として残すことです。メールやスマホの録音機能などを併用し、やり取りの過程と相手の承諾内容がデータとして残るようにしてもらいました。値上げ交渉開始から1カ月後、後藤さんから村田に電話がありました。交渉は成功し、入居者は9万5000円で承諾してくれたのです。当初は値上げするなら出ていくと難色を示していましたが、結局は値上げに納得し、引き続き入居することを決めたのでした。

満を持しての売り出し

対サブリース会社と対入居者、投資物件としての魅力を引き上げる2つの交渉が計画どおり完了しました。この時点で後藤さんともう一度、売却の意思を確認する場を設けました。8万円だったワンルーム家賃収入が9万5000円に上がり、今なら維持費やローン返済額を差し引いても黒字です。収益物件として持ち続ける価値は十分にありました。

とはいえ、今後も修繕費積立金など諸経費が増していくことは間違いないので、黒字がいつまで維持できるか定かではありません。今後の人生プランを加味すると、やはり売るのが得策という結論に落ち着きました。

改めて査定を行ったところ、残債とほぼ同額である2300万円前後でも十分に売却が可能であると算出できました。いよいよ2300万円に価格を決め、売り出し開始です。

売り出し広告を作成し、レインズにも広告掲載可で情報を開示しました。不動産仲介会社から問い合わせがきたら関連資料をすべて提供するよう動きます。村田のコネクションもフル活用し、投資用不動産を紹介している不動産仲介会社にも問い合わせ、顧客に本物件を広告してもらうよう要請しました。

東京都世田谷区の収益物件でしたが、都外からの問い合わせも多く寄せられました。千葉県のとある不動産仲介会社は、なかなか現地にまで足を運ぶ機会がないようでした。そこで村田から、物件の写真や周辺の情報など、顧客へのアピール材料となりそうなデータをすべて提供しました。まさかここまでの情報をもらえると思っていなかったようで先方に恐縮されるほどでした。

村田の徹底した広告活動が功を奏し、売り出し直後の反響は上々でした。ただ、今すぐ買いたいというほどの積極的な方は現れませんでした。売り出しから1週間、広告掲載の要請はあっても、購入申し込みまでには至らなかったのです。

後藤さんからの心配の電話が毎日のように村田のもとに届きましたが、その都度、必ず申し込みの問い合わせは来ると繰り返し、売り出し直後の1週間は不動産の情報を正しく周知させることが大事であることを丁寧に伝えました。

そうして、買い手候補から最初の申し込みがあったのはそれから数日後のことでした。1人目の要望額は2200万円で、売り出し価格よりも100万円ほど安い額での申し込みです。後藤さんに報告したところ、よかったと安堵の声を漏らしたあと、当初の査定よりも300万円も上なのだからその方に売ってもいいのでは、という返事がありました。

しかし村田は、もう少し待つべきだと説き伏せました。広告を出して以降、反響は日に日に増える一方で、注目度は確実に高まっています。その反響のなかに、本不動産に2200万円以上の価値を感じて申し込んでくれる方がいるという手応えを村田は感じていたのです。

いっさい反響や連絡がなければ2200万円で決着することもできますが、反響が止まない以上、ここで決めるのはまだ早い。これまでも時間をかけて売却価格アップに奔走してきたため、ここも少し粘るべきだと考えていました。

さらに数日経ち、ついに2250万円の申し込みがありました。広告を出した直後に問い合わせのあった、千葉県の不動産仲介会社でした。ここからがエージェントの腕の見せどころ、不動産仲介会社との折衝タイムです。こちらとしては満額の2300万円で売りたいと再交渉を申し出て粘りを見せたところ、最終的に2280万円に落ち着くことができました。

売り出しスタートから半月ほどという、スピーディな取引成立でした。近隣ではなく千葉県と遠方の方が購入したことは、意外ともいえる結果でした。囲い込みを狙った、近隣街中での広告掲示や、都内に絞った営業など、狭いテリトリーでの販売活動では、この価格での売却は叶いませんでした。

外堀を埋めてからの売却でリスク低減

サブリース契約の解除や家賃値上げ交渉でおよそ半年、そして売り出しスタートから買主との交渉・引き渡しまで4カ月を要し、合わせておよそ10カ月の長期戦となりました。

その結果、当初の1900万円から380万円アップの2280万円で売却することができ、ローン残債のほぼすべてを売却価格でまかなうことができました。当初は債務整理も辞さない覚悟の切羽詰まった状況だった後藤さんも、売却後は重荷から解放され、憑き物が落ちたような明るい表情に変わっていました。

不動産取引は準備とタイミングが大事であるとよくいわれますが、後藤さんの取引成立までの過程はまさにそれを実感させるものでした。売却価格を上げるための道順を理論立てていき、売却までのストーリーを編み上げてから、売主と協力してステップを一つひとつ踏んでいった、不動産エージェントの手腕が光った売却事例です。

時間を掛けて売却するという提案は、従来の不動産仲介会社では決して思いつかないアイデアです。仮に思いついたとしても、希望どおりに売れないかもしれない、掛けるコストに見合った見返りが期待できないかもしれないといったリスクが払拭できず、実行に移すのは難しい提案です。

売主を説得し納得させることも不動産エージェントの重要な任務です。売主から信頼を得られなければ本当に任せて大丈夫なのだろうかと疑念を抱かれてしまい、とくに今回のような長期にわたる売却プランには賛同してもらえません。

不動産エージェントが編み上げた売却までの計画を、売主に納得してもらうよう、分かりやすく丁寧に説明することも最適な解決に至るまでには必要な手順となっています。

確実に売れるかどうか分からないなかでのサポートは、エージェントにとってもリスクを感じないわけではありません。筋書きにこだわり、これならきっとうまくいくというレベルにまでプランを磨き上げ、リスクを極限にまで落とすことができたからこそ、最後まで自信をもってフォローできました。手数料で手早くいくら稼ぐかよりも、売主にとって最大の利益とは何かを追求できる不動産エージェントならではの売却成功ストーリーです。

特別コラム ② ホームインスペクションが不動産取引にもたらすもの

建物に関する仕事に携わっていると、表面的なスペックが同じでも見た目がまったく異なる建物に出くわすことが多々あります。同じ地域の同じ規模、築年数40年のAマンションとBマンションがあったとします。スペック上は似たようなものでも、実際に目の前にするとAは手入れが行き届いていて美しく、Bは汚れやヒビが目立ち見すぼらしい外観です。もしAもBも同価格で販売されていたら、多くの購入検討者がAのマンションを選ぶことになると思います。

マンションの資産価値は管理状態で決まります。管理次第で現状も残された寿命も歴然とした差が生じます。表面的なスペックだけで価格を決めてしまうのは、まったくもっておかしな話なのです。

一戸建てについても同様です。同じ年数を経ていても状態はいろいろであり、築年数だけで価格を判断することなど本来はできるはずがありません。人間も40年の時を経れば個人差が大きく出てくるものです。40歳には見えない若さを保っている人もいれば、40歳にしては老け過ぎな印象を抱かせる人もいます。建物も同じで「中年」の時期を迎えれば千差万別であり、その経歴のなかでどういったケアを心がけてきたかによって、見た者に与える印象や健康状態にも差が出ます。その差が価格にも反映されるのは当然なはずです。

建物の価値は新築時が最も高く、年を経るにつれて落ちていく。この概念そのものを根底から覆すため、私たちが取り入れるようになったのがホームインスペクションです。20年以上前に企画した当時、先進国でホームインスペクションを積極採用していないのは日本だけでした。そしてその景色は今も変わりません。なぜ日本が住宅診断に対して後ろ向きなのかというと、住宅に対する金融機関の担保評価が築年数などの表面的なスペックに依存しており、住宅そのものの本質的な価値をいっさい評価していなかったからです。欧米ではインスペクションによる建物評価が金融機関の融資金額につながるのが常識となっています。リフォームや修繕に300万円かけた場合、その事実がきちんとデータとして記録され、300万円相当の担保評価アップにつながる仕組みとなっています。マンションであれば管理組合の運営状況も精査し、これもまた担保評価へとつなげるのが常識です。

日本の中古不動産は、表面上のスペックでしか担保評価をしない文化が根付いてしまっています。これでは住まいを管理している住人も、住まいを大切にし定期的にメンテナンスを施していこう、という気分にはなれません。買い手もまた同じ思考です。先々どの程度の寿命があるか知れない、当たり外れの大きい中古に手を出すよりも、将来的な価値が保証されている新築を欲しがる傾向です。必然、中古住宅の流通性は著しく落ちてしまいます。日本の新築至上主義は昔も今も変わらないどころか、より現代のほうが強まっている印象です。

このような意識を一変させようと、私たちはアメリカの事例を視察し独自に研究し、日本に適合したインスペクションの形式を確立していきました。具体的にどのようなローカライズを施したかというと、アメリカが建物の設備を重視するのに対し、日本のインスペクションでは構造をより重点的に評価するようにしています。例えば建物の現状が少し傾いていたとして、その原因は何なのかをとことん追求します。地盤が傾いているのが原因であったとしたら、現状の地盤は盤石となっているのか、それとも今後も地盤の影響で建物は傾いていくのかなど、未来の建物の構造についても予測を立てつつ評価するのをインスペクションの要としています。現状維持で大丈夫なところ、将来的に直していく必要があるところ、あるいは今すぐ直す必要のあるところを細かく分類し、建物の本質的な価値へと転換していきます。

使い込まれた中古住宅ですから、このようなインスペクションを実施すると、多かれ少なかれ建物の弱点は見つかるものです。弱点があるならやっぱり新築がいいという買い手の意見もあるし、弱点が見つかるくらいならインスペクションをせずに売り出したいという売り手の意向もあります。

しかしインスペクションを通して見つかる建物の弱点部分は、改善の価値があるところばかりです。その弱点部分さえ直してしまえば、建物の寿命をより延ばすことができ、建物の現存価値を引き上げることができると考えることができます。

住宅の歴史を紐解けば、戦後の高度成長期に建てられた建物は確かに粗製濫造の感がありました。しかしその時期を過ぎた、今からおよそ40年前以降は、建築基準法がより厳格化され、工事の品質も上がっているなかで建てられた建物なので、現代のレベルとさほど遜色のないレベルにまで達しています。

それでもよく巷では、日本の木造住宅は30年、という話も耳にします。しかしこれは取り壊した木造住宅の平均寿命を算出しているに過ぎません。今もなお建ち続けている木造住宅はカウントされていないのです。早稲田大学理工学術院の小松幸夫教授らが行った「建物の平均寿命推計」の調査（2011年）では、建っているものと解体されたものすべての建物の築年数から平均寿命を出したところ、木造住宅で64年という数字が出されました。30年ほどで解体される木造住宅がある一方で、60年どころか90年も住まいとして十分な価値を保ち続ける木造住宅があることを意味しています。

これは木造だけでなくほかの建物構造でも同じです。築40年ほどの建物であれば、平気で100年保つような可能性もあると私は感じています。

ただし建物を長生きさせるにはメンテナンスは欠かせません。メンテナンスを行わないから、短命で終わる建物があとを絶たないのです。そしてなぜメンテナンスを行わない人が多いかというと、先ほどの議論に戻りますが、建物価値が担保評価に組み込まれないからです。

早晩、欧米のように建物価値が担保評価に組み入れられることが予想されます。実際にそのような動きは出ており、住宅金融支援機構の住宅ローン「フラット35」には2022年4月より維持保全型が登場、安心して長く住めると認定された住宅は借入金利が引き下げられる特典を設けています。こういった新しい仕組みは公的機関から民間機関へと広がっていく向きがあり、今後は類似の住宅ローンがさまざまな金融機関で実施されていくと予想されます。欧米のように健康な家ほど高く評価され、より安価で安心して住める時代が日本にも到来するのです。

建物の状態が担保評価につながるとなると、不動産買主の意識も変わっていき、価値が保証されている中古住宅を求める人が増えていくことになります。現在住宅を所有している人は将来の売却に備えてメンテナンスを心掛け、マンションであれば管理組合の機能がより充実します。長生きで健康体の「中年」不動産が増えていき、取引回数も勢いづいていくものと予想されます。

とにもかくにも、インスペクションで建物の本当の価値が可視化されるのであれば、販売価格に直結することは間違いありません。ある中古物件が相場価格の3000万円で販売されていたとして、インスペクションを行ったところしばらくメンテナンスの必要がなくなおかつ長く住めると診断されれば、相場以上の価値がありお買い得だと判断できます。逆に長く住むには買った直後に300万円ほどの修繕費が見込まれると診断されれば、購入を見送るとか、値下げの余地ありという戦略を立てられるわけです。このように納得いく価格に着地させるメリットがあるので、インスペクションは買い手のニーズを満たすための一手法としても、今後ますます一般化されていくと思います。

[PART3]

不動産エージェントが
これからの不動産仲介を変える

不動産仲介の現場、日本と海外の違い

日本の不動産が高騰傾向にある最大の理由は、不動産の市場流通性の低さにあります。世にほとんど出回っていない商品が高値で取引されるのと同様に、不動産も市場にたくさん流通していないがゆえに、価値が跳ね上がりやすいのです。

国土交通省が発表している既存住宅市場の活性化について（2020年）によれば、2018年の新築住宅と中古住宅（既存住宅）の取引数の比率について、日本は新築が85・5％で中古が14・5％と、8割以上が新築住宅の取引となっています。一方欧米に向けると比率は逆転していて、アメリカは取引全体の81％、イギリス（イングランドのみ）は85・9％、フランスは69・8％が、中古取引となっています。

このように日本の不動産市場は明らかに歪んでおり、中古の不動産が新築の不動産に対して流通性が著しく低いのです。そしてそのような市場を形成してしまっている最大要因は、不動産会社による囲い込みの定常化にあります。囲い込みで情報が遮断されてしまっているため、中古不動産がなかなか市場に出回らないのです。

海外における不動産取引のプロセスですが、アメリカでは個人のエージェントに不動産取引を依頼するのが一般的です。エージェントは州に認定された有資格者で、個人事業主に該当します。売主に依頼されたエージェントは不動産の買い手を探し、逆に買主に依頼されたエージェントは買主の希望に適った不動産を探します。

日本で習慣化している両手取引はアメリカでは禁止されています。一つの取引に対して、売主と買主、それぞれで別のエージェントがつくのが常識です。また、エージェントは厳しい審査をクリアした人間しかなれず、この厳格な審査によって高い倫理性が担保されています。

不動産の囲い込みもアメリカでは固く禁じられています。不動産情報を登録するデータベースとして日本ではレインズが有名ですが、アメリカにはＭＬＳ（Multiple Listing Service）があります。その規模はレインズの比ではなく、物件そのものの情報に加えて登記状況や過去の取引履歴など、不動産に紐づいたデータがほぼ網羅されています。掲載されている情報には制限がなく、ＭＬＳを閲覧できる立場であれば、その情報を使って自身の事業に自由に活用することができます。

一方のレインズでは、不動産情報を登録した不動産仲介会社が「広告掲載不可」に設定したら、他の不動産仲介会社はこの不動産を使って広告することができません。これはつまり、登録者は暗に両手取引を狙っているわけです。

このような事実から、日本の不動産市場が非常にアンバランスで、闇に包まれている面積が大きいことが歴然とします。両手取引狙いの囲い込みがあるから中古の不動産が流通せず、流通性が低いがために不動産は高騰、新築だけがたくさん取引される市場を築いています。

この悪循環が黙認放置されているのですから、不動産が期待していた価格で売れずに悩んでいる売主はあとを絶たないわけですし、理想の不動産を見つけることができず立地や価格で妥協せざるを得ない買主を量産しています。消化不良感を抱えながら取引を終える方がほとんどなのです。

この事実は世界的な調査でも指摘されています。世界中の不動産情報を収集するＪＬＬ（ジョーンズ・ラング・ラサール）が2年ごとに発表するグローバル不動産透明度インデックス（２０２２年版）によれば、日本の不動産の透明度は94カ国中12位とされています。前回調査の2020年から4ランク上がり、統計開始以来初めて「透明性が高い」と位置付けられる順位に入りました。ただしこれは、現場で行われている不動産取引の透明性が向上したというよりも、不動産の新規開発や法人向けの取引が活発化したことでサステナビリティスコアが改善されたことなどが影響しています。今もなお取引に納得できていない売主や買主は多く、取引プロセスの透明性は依然として大きな課題です。

多くの不動産会社が、売主側のあずかり知らぬところで、売主にとって不利な取引を行っているのが不動産業界の実状です。つまり、不動産会社の利益が最大限となる取引を実行するため、あずかった不動産を都合のいいやり方で売ろうと目論むのです。

このような歪みに歪みきった不動産業界を治療する方法は、海外の不動産事情を眺めれば明らかです。日本の不動産業界も、エージェント主導で不動産取引が行われる市場へと変化していけばいいのです。

不動産エージェントが「できる不動産屋」の定義を覆す

不動産エージェントが不動産業界にもたらす影響は計り知れません。これまでの旧態依然とした業界の商慣習を踏襲せず、枠にとらわれない自由な発想力と行動力を不動産エージェントは発揮します。依頼者にとことん寄り添うのが仲介業（エージェント）である、という価値観が浸透した不動産業界を形成することができるのです。

これまでの日本の不動産業界は、囲い込みやおとり物件などの手法からも分かるとおり、不動産仲介会社の利益が最優先となっていました。たとえるなら「一つの不動産で1000万円を稼ぐのが仕事のできる不動産屋」という価値観で成り立っていたのです。売主側に不利益が生じても見て見ぬふりをするような業界でした。

不動産エージェントの価値観は正反対です。従来の不動産仲介業が1件で1000万円を目指すのを是とするのであれば、不動産エージェントは10件で100万円ずつ稼ぐことに意義があり価値があると考えます。

1件だけの取引で喜ぶのは、せいぜい1組の売主と買主ですが、10件なら10組の方々が笑顔になれます。そこに重要な意義があると不動産エージェントはとらえているのです。このような理念に従っていけば、従来よりも10倍ものスピードで売主の悩みを解決していくことができます。高値で売れて笑顔になる売主と、理想の物件が手に入って笑顔になる買主が、これまでの10倍以上に増えるのです。こんな話を熱心にすると冷めた反応をする同業者がいるのですが、私たちは本気で実現できると考えています。

事実、囲い込みをいっさい行わなければ、不動産仲介会社や買い手候補に物件を見てもらう機会は格段に増え、10倍以上のスピードで取引を成立させることはなんら難しいことではないのです。これは私たち不動産エージェントの経験から断言できることです。不動産エージェントが根底にもつこういった考え方は、不動産仲介業の定義を根底から覆すようなものですが、こちらのほうが倫理的に正しいことは明白です。10倍のスピードで依頼者の悩みを解決していくという、「できる不動産屋」の新定義を業界に浸透させていくことも、不動産エージェントの重大なミッションの一つといえます。それだけにとどまらず、不動産取引のプロセスにおいても、不動産エージェントはこれまでの常識を覆していきます。

売却事例のなかで、インスペクションと呼ばれる建物診断を通して、建物の状態をすべて調べ上げ、現在の真の価値を算定し、想定以上の価格で販売した話がありました。従来の不動産仲介会社が査定を依頼された場合、既存のデータベースに数字を入力して、出てきた査定価格を売主に提示するという作業しかしませんでした。

しかし不動産エージェントが編み出した常識を覆す方法によって、より高く売却するまったく新しいプロセスを創出したのです。インスペクションを経てからの取引事例が増え、不動産価値の算出手法として定着し一般化していけば、売主にとっては大切に使ってきた不動産を高く売るチャンスが増えますし、買主にとっては安全性が保証された不動産を適正価格で購入できるようになります。これほど双方にとって望ましい取引もありません。まさに不動産取引の革命です。

不動産エージェントの新発想に基づいた革新的な売却実績が、不動産業界に新しい風を吹かし、利己主義に走りやすかった業界をまったく別の方向に向けさせるきっかけを生むかもしれません。そのような未来が期待できるからこそ、不動産エージェントは非常にやりがいがあり、日々売主に寄り添った最適な提案を徹底追求することができるのです。

究極、仲介なんてなくなってもいい

売主の利益を極限まで考慮するのであれば、仲介業者を挟まないのが最善です。売主と買主の間で直接取引すれば仲介手数料が掛からないからです。個人間で直接取引できるインターネットオークションのように、個人が不動産を気軽に売りに出せるようになれば、誰でも仲介を経由することなく売買ができるようになります。現代の技術を用いれば容易に実現可能です。

実際にそのようなサービスは世に登場していました。プラットフォーム上に売主が自分で不動産を登録し売却するサービスです。買い手がつき売却成立となったとき、売主が負担する手数料は0円、つまり売却価格がそのまま売主の取り分となります。

しかしこのプラットフォームは順調には発展しませんでした。本来であれば仲介担当者が担うべき責任を売主がすべて背負うのは、不動産取引はあまりにも重責でした。売却に当たって立ちはだかるさまざまな課題を克服するには個人の力だけではどうにもならない部分も多く、大きな買い物であるがゆえ、専業となって補佐していく存在は不可欠であるという事実が浮き彫りになったといえます。

例えば値付けが売主の頭を大いに悩ませます。いったい自分の不動産はいくらくらいが適当なのか、素人ではなかなか見定めることができません。周辺の相場を調べたり不動産関連会社に無料査定を依頼したりなどすればある程度の価格は絞れるかもしれませんが、売却の最後の最後まで「本当にこの価格で大丈夫なのだろうか、本当はもっと高値でも売れたのではないか」といった不安に付きまとわれることになります。買い手のなかには取引慣れしたプロの不動産買取業者もいます。値下げ交渉をもちかけられ、本来の価格よりも安値で売却することにもなりかねません。手数料の上乗せを考慮しても専門の仲介会社に依頼して売ったほうが得だった、という本末転倒な結果を招くこともあるわけです。

いくらで売るべきか、どのタイミングで売るべきか、どうやって売るのが正しいのか、売主が当たり前のように抱く漠然とした問いかけに、的確な回答を与えてくれるアドバイザーは欠かせません。そこにお金を掛けることで、不動産の本来の価値を見出し、さらに付加価値も加わり、後悔のない売却が叶うものなのです。

仲介を経由せず直接取引できるプラットフォームも不動産を売る選択肢の一つとして、今後調整を加えて発展していくべきです。しかしその一方で、不動産エージェントのような不動産の悩みを気兼ねなく相談できる存在も、これからより一層の存在感を放っていくべきです。

ただし、不動産取引の仲立ちをするだけの単純な仲介業としての存在意義は、今後著しく失われていくのは間違いありません。この不動産に自分が関わることで、どのような付加価値を与えることができるのかをとことん追い求められる理想のエージェントだけが、今後業界でより価値を高めていくことになります。

AIが普及したら不動産業はどうなる?

「AIが普及したら奪われる仕事がある」とは業種業態問わずよく耳にする言葉です。不動産仲介業も例外ではなく、将来AIに奪われる仕事の一つと見なされています。確かにＡＩが不動産売買の仲立ちをするエージェント的な役割を担うことは可能です。希望の条件を満たしている相手を探して取引できればそれでいいという極めて合理的で効率的なマッチングを望むのであれば、人間を間に挟まず機械だけに頼って取引したほうが、より利益を最大化することもできます。実際にＡＩを利用した不動産取引も、まだまだ実験段階ではあるものの行われるようになっています。

しかし不動産売買というのは、予測できない事態が当たり前のように発生し、ＡＩ単独では処理できず取引がストップしてしまうこともあると考えられます。その予測できない事態は、人間同士の相性や感情、交流の経緯によって起こるものです。これら不確定要素を複合して予測不能の事態が起きると推測するには、やはり人間の視点、不動産のプロの視点は欠かせません。

例えばＡＩは過去の取引事実の掘り起こしについては人間以上の情報量と信頼性をもっていますが、個人の判断基準についてはまだまだ分析しきれていない面がありま す。この判断基準というのは人によって非常に曖昧で、床の傷一つとっても大きな差が生じます。売主には気にならない程度の傷だったとしても、住んでから傷に気づいた買主から「こんなあからさまな傷があるのに告知しないなんて」と訴えられ、取引後のトラブルの種にもなり得るわけです。

こういった人間の感情や感覚に起因したトラブルを避けるためには、間に立つ人間による客観的な観察力と判断力が重要な鍵となります。「この傷は売主にとっては気にならなくても、買主には気になるかもしれない」と事前に気づくことができれば、告知事項としてあらかじめ伝えることで、トラブルを避けることができるからです。

不動産そのものに関するトラブルだけではありません。売却ストーリーのなかにも登場した相続問題のような、売主サイド各人の思いがばらばらになってしまっている事態というのも、AI単独では円満な売却へ導くことは困難です。AIに「今回の問題は過去の事例から、このような解決法が望ましいです」と無機質に解決策を弾き出されても、感情が先行している当事者としては「機械に何が分かる」となって火に油を注ぐだけの事態にもなりかねません。事例がそうであったように、相続問題に紐づいた売却には、各人の譲れない気持ちを一つひとつ解いていかないといけません。専門家チームと協力しながら各人の思いをまとめて、ベストな解決策を提示する不動産エージェントのサポートは欠かせないのです。

他にも例えば、離婚に伴う家の売却もＡＩでは最善策を提示するのは難しいです。家は財産分与の対象となるので、離婚時は家の所有者名義に関係なく、夫婦それぞれが納得したかたちで分け合う必要があります。事情があって別れる夫婦なのですから、売却する場合はたいてい意見が衝突します。そして当事者同士では感情のぶつかり合いになってしまうため、必ず代理人の力が必要となるものです。間に入ってそれぞれの思いを聞き出し、両者の意向をくんだ解決策をカスタマイズできる存在によって、騒動を収束させることができます。

不動産エージェントが大切にしている3つの要素、倫理性・専門性・個性のうち、倫理性と専門性についてはＡＩのほうが勝っている面が強く、私利私欲に走らず、なおかつインプットしている情報量がすさまじいという点では、人間よりも圧倒的に高いパフォーマンスを発揮できます。しかし、関わる方たちの信頼関係を構築して円満な取引をするうえで重要となるのは相互の相性、個性に頼る部分が大きいです。この個性についてだけはまだまだ人間に軍配が上がります。

後腐れのない気持ちのいい取引をするには、個性を大切にしている不動産エージェントの力が必ず必要となってきます。ＡＩで十分に対応できるところはＡＩに任せ、人間にしか判断できないところはとことん人間がやることでより後悔のない不動産売買取引が実現できるのです。

「不動産エージェントにまず相談」が当たり前になったら

今後、不動産エージェントの活躍がより注目され、不動産エージェントの理念が浸透していき、売却時には不動産エージェントにまず相談することが定番となったら、旧態依然としていて利己主義に走りがちな不動産業界は大きく変わっていきます。

まず、多くの不動産が囲い込みの呪縛から解放され、市場に流通することになります。買い手側にとっては希望を満たした最高の不動産に出合いやすくなります。不動産がたくさんの方の目に触れるようになるため、不動産の価値が最適化していき、売り手にとっては納得した価格での売却が叶えられます。売買取引成立数は不動産エージェントが浸透すればするほど増えていくことになります。

不動産エージェントがサポートにつくことで、売主にとっても買主にとっても理想の取引が可能となります。市場の流通性が高まる一方で、不動産取引前後のトラブルは減っていくことが期待できるわけです。その結果、不動産業界は怪しいというマイナスイメージは一蹴され、さらに取引の機会が増えていく好循環の相乗効果を生み出していきます。不動産エージェントにまず相談が当たり前の発想になったら、まさしく海外のような、新築よりも中古物件の割合が増えていく、健全な不動産取引市場が形成されていきます。

不動産エージェントにまず相談するという発想は売主にとってだけのものであってはいけません。買う側も不動産エージェントに相談してみようという発想をもってほしいのが不動産エージェントの率直な願いです。

これまでの不動産探しはインターネットの不動産サイトや街角のチラシを見て、その不動産を紹介している仲介会社にアクセスすることがスタートラインでした。しかしこれからの不動産探しは、不動産から選ぶのではなく、人から選ぶようになっていくべきです。欲しい不動産を見つけてくれそうで、なおかつ相性の良さそうな不動産エージェントに「こういう条件の不動産が欲しくて」とまず相談してみるべきです。不動産エージェントが買い手に代わって最適な不動産を探し、見つけることができたら、売主についている不動産エージェントにコンタクトをとります。お互いのエージェントが細かい部分を詰めていき、取引成立へ向け全員が一丸となり前へ進んでいく、という流れが普通となっていくことで、不動産の価値はより適正化されていき、取引に関わる方たちの満足度や幸福度も高まっていきます。この理念やプロセスが広まれば広まるほど、不動産業界の根本が変わっていきます。これまで1件の不動産でどれだけたくさん稼ぐかが評価されていた業界が、たくさんの不動産でたくさんの方を笑顔にすることで評価される業界へ色を変えていくのです。

おわりに

不動産エージェントは、当たり前のことを、当たり前のように実践している、ただそれだけの存在です。

「自分がお客さんの立場になったとき、どういったサポートを受けたいか」という姿勢を決して崩さず、不動産の悩みを抱える方に寄り添ったサポートに励んでいます。

不動産エージェントを始めた頃、私たちは業界他社から奇異の目で見られたものでした。不動産仲介会社に声を掛けると、囲い込みをいっさいしないなんて何か裏があるんですかと訝しがられることもありました。

私たちとしては当たり前のことを当たり前のように実践しているだけです。むしろ両手取引狙いで囲い込みをする体質のほうに業界の闇を感じていたのですが、なかなかその趣旨は理解してもらえませんでした。

無事に売買取引を成約し、こちらに裏がないことが分かってもらえると、以降は積極的に私たちがあずかっている不動産を広告してくれるようになりました。私たちの志に共感してくれる協力会社は着実に増えており、不動産をスピーディかつ高値で取引するネットワークは広がり続けています。私たちの志が共感を呼び続け、業界のすみずみまで浸透していけば、両手取引狙いの囲い込みといった利己的な行動に走ることのない、当たり前に健全な不動産取引市場が形成されていきます。

今回、不動産をお持ちの方へ向けて、不動産エージェントの活動内容を実例に基づいて紹介してきました。もちろん、不動産エージェントは売主だけでなく買主側の立場になって、不動産探しのサポートをすることもあります。しかし今回の書籍に当たってはあえて売主の売却ストーリーに絞って話をしました。その理由は、現状の利己的な不動産業界の体質を変えるには、まずは売却不動産のあずけ先から変えていくべきであると考えたからです。

買主のサポートをする際、私たち不動産エージェントがどれだけ奮闘したとしても、顧客の不動産をあずかっている不動産仲介会社の囲い込みを突破することはできません。「御社で紹介している不動産を内見したいのですが」と問い合わせても、何かしら理由をつけてかわされてしまったら抗いようがないのです。

この状況を打破するには売主サイドの意識を改革するしかなく、不動産のあずけ先を代えてもらうことが必須なのです。

本書を通して不動産エージェントに共感してくれた方は、囲い込みを絶対にしない不動産エージェントにまず相談する、という発想をぜひ忘れないでいてください。そして本書に登場した売主たちのように、この方にならと思える買主との出会いを果たし、後悔のない取引をぜひとも体感してください。

最近では不動産業界の裏側などと称して、不動産関連事業者の悪事を報道するドキュメンタリー、あるいは漫画やドラマ作品が世に送り出されています。不動産業界そのもののイメージがマイナスに染まりきっています。しかもそのように後ろ指をさされるのが当然であるかのように、悪事を認めるかのように、業界のあり方に違和感を抱きながらも、今日も顧客を騙さんとする不動産関連会社が実在しているのです。

私たちはそのような不動産業界の現状に疑問を抱き、不動産の仲介業というものが、もっと感謝される、尊敬されるような仕事であってほしいと願っています。そして不動産エージェントが、不動産業界の未来を変えると信じています。

本書を通して、一人でも多くの方に不動産エージェントの志と意義が伝えられることを願って執筆を終えます。ありがとうございました。

2022年11月吉日　大西 倫加

長嶋 修

大西 倫加（おおにし のりか）
広告・マーケティング会社などを経て、2003年さくら事務所参画。同社で広報室を立ち上げ、マーケティングPR全般を行う。2011年取締役に就任し、経営企画を担当。2013年1月に代表取締役就任。2008年にはNPO法人 日本ホームインスペクターズ協会の設立から携わり、同協会理事に就任。10年間理事を務め、2019年に退任。2018年、らくだ不動産株式会社設立。代表取締役社長就任。2021年、だいち災害リスク研究所設立。副所長就任。不動産・建築業界を専門とするPRコンサルティングも行っており、執筆協力・出版や講演多数。

長嶋 修（ながしま おさむ）
1967年生まれ。不動産コンサルタント。広告代理店、不動産デベロッパーの支店長・不動産売買業務を経験後、業界初の個人向け不動産コンサルティングを行う、株式会社さくら事務所を設立。らくだ不動産株式会社の会長も務める。

本書についての
ご意見・ご感想はコチラ

悩める売主を救う
不動産エージェントという選択

二〇二二年一一月一七日 第一刷発行
二〇二二年一二月 七 日 第二刷発行

著 者　大西 倫加　長嶋 修
発行人　久保田貴幸
発行元　株式会社 幻冬舎メディアコンサルティング
〒一五一-〇〇五一 東京都渋谷区千駄ヶ谷四-九-七
電話 〇三-五四一一-六四四〇（編集）
発売元　株式会社 幻冬舎
〒一五一-〇〇五一 東京都渋谷区千駄ヶ谷四-九-七
電話 〇三-五四一一-六二二二（営業）
印刷・製本　中央精版印刷株式会社
装 丁　秋庭祐貴
装 画　大石いずみ

Printed in Japan ISBN 978-4-344-94128-1 C0034
幻冬舎メディアコンサルティングHP https://www.gentosha-mc.com/